Fábulas de La Fontaine

ANTOLOGIA

COLEÇÃO A OBRA-PRIMA DE CADA AUTOR

Fábulas
de
La Fontaine

ANTOLOGIA

Vários tradutores

MARTIN CLARET

© *Copyright* desta edição: Editora Martin Claret Ltda., 2004.

Título original em francês: *Fables*

DIREÇÃO
Martin Claret

COORDENAÇÃO EDITORIAL
Carolina Marani Lima

PRODUÇÃO EDITORIAL
Giovana Gatti Leonardo

DIREÇÃO DE ARTE
José Duarte T. de Castro

CAPA
Ilustração: Laurent Cardon

MIOLO
Tradução: Vários tradutores
Revisão: Marinice Argenta / Maria de Fátima C. A. Madeira /
Carla Raiter Paes
Ilustração: Gustave Doré
Impressão e acabamento: Bartira Gráfica

**Dados Internacionais de Catalogação na Publicação (CIP)
(Câmara Brasileira do Livro, SP, Brasil)**

La Fontaine, Jean de, 1621-1695.
   Fábulas: antologia / La Fontaine. — 4. ed. — São Paulo: Martin Claret, 2012. — (Coleção a obra-prima de cada autor; 200)

Título original: Fables
Vários tradutores
ISBN 978-85-7232-863-0

1. Fábulas - Literatura infantojuvenil I. Título. II. Série.

12-02890   CDD-028.5

Índices para catálogo sistemático:

1. Fábulas: Literatura infantojuvenil   028.5

EDITORA MARTIN CLARET LTDA.
Rua Alegrete, 62 – Bairro Sumaré – CEP: 01254-010 – São Paulo – SP
Tel.: (11) 3672-8144 – Fax: (11) 3673-7146
www.martinclaret.com.br
6ª reimpressão – 2025

Sumário

Fábulas

A monsenhor, o Delfim 11

Livro I

A cigarra e a formiga 13
Os ladrões e o asno 14
A raposa e a cegonha 16
O menino e o mestre-escola 20
O galo e a pérola 22
O carvalho e o caniço 22

Livro II

Contra os de gosto exigente 27
O conselho dos ratos 30
O lobo pleiteando contra o raposo perante o macaco 33
O leão e o mosquito 35
O leão e o rato 37
A pomba e a formiga 39
A gata metamorfoseada em mulher 41

Livro III

O moleiro, o filho e o burro 45

As rãs pedindo rei 52
O raposo e o bode 55
A gota e a aranha 58
O lobo e a cegonha 61
A raposa e as uvas 63
Os lobos e as ovelhas 64
O leão velho 66
A mulher teimosa afogada 66
O gato e o rato velho 69

Livro IV

O leão enamorado 73
A mosca e a formiga 75
O jardineiro e seu senhorio 76
O burro e o cãozinho 80
O macaco e o golfinho 83
O gaio que se revestiu das penas do pavão 85
A rã e o rato 86
O cavalo que se quis vingar do veado 88
O lobo, a cabra e o cabrito 90
Aviso de Sócrates 92
O velho e os filhos 93
O avarento que perdeu o tesouro 96
O olho do dono 100

Livro V

O lenhador e Mercúrio 103
O peixinho e o pescador 108
As orelhas da lebre 110
O cavalo e o lobo 112
Os médicos 115
O burro e as relíquias 116
O veado e a vinha 118
A lebre e a perdiz 120

O urso e os dois camaradas 123
O burro vestido com a pele do leão 127

Livro VI

Febo e Bóreas 129
O galo novo, o gato e o murganho 132
O raposo, o macaco e os animais 135
A lebre e a tartaruga 138
O burro e os donos 140
O cão que pela sombra larga a presa 142
O carreteiro atolado 143
A viuvinha 145

Livro VII

Os animais enfermos da peste 149
Os desejos 152
A corte do leão 154
O carrão e a mosca 156
Os dois galos 158

Livro VIII

A morte e o moribundo 161
O financeiro e o remendão 164
As mulheres e o segredo 167
O cão que leva o jantar ao dono 169
O urso e o amador de jardins 171
O porco, a cabra e o carneiro 174
As exéquias da leoa 176
O burro e o cão 180
O gato e o rato 183

Livro IX

Os dois pombos 187
A lande e a abóbora 192
A ostra e os pleiteantes 194
O lobo e o cão magro 196
O gato e o macaco 198
A pastora e seu rebanho 201

Livro X

Os dois ratos, o raposo e o ovo 205
Os peixes e o corvo marinho 213
A leoa e a ursa 217
O mercador, o fidalgo, o pastor e o filho do rei 219

Livro XI

O leão 225
O leão, o macaco e os dois burros 227
O lobo e o raposo 231
O velho e os três mancebos 235
O ratinho e a coruja 237
Epílogo 239

Livro XII

Os companheiros de Ulisses 243
O lobo e o raposo 250
A raposa, o lobo e o cavalo 254
A liga dos ratos 259

Fábulas

A MONSENHOR, O DELFIM

Luiz Gonzaga Fleury (Trad.)

Aqui canto os heróis dos quais Esopo é autor;
Elenco de que a história é irreal mas de valor,
Pois verdades contém que servem de lição.
A qualquer ser dou voz, até os peixes falarão:
Tem endereço a nós o que deles se ouvir;
Recorro aos animais para os homens instruir.
Rebento ilustre que és de um rei dos céus amado,
Para o qual todo o mundo está de olhar voltado.
Rei que curvar fazendo os maiores em glórias,
Seus dias contará pelas suas vitórias,
Um outro te dirá com voz mais poderosa
Os feitos de avós teus, dos reis a ação virtuosa;
Eu te vou entreter com leves aventuras,
Nestes versos traçar mui rápidas pinturas;
E se não conseguir o bem de te agradar,
A honra ao menos terei de tal coisa tentar.

Livro I

A CIGARRA E A FORMIGA

Bocage (Trad.)

Tendo a cigarra em cantigas
Folgado todo o verão
Achou-se em penúria extrema
Na tormentosa estação.

Não lhe restando migalha
Que trincasse, a tagarela
Foi valer-se da formiga,
Que morava perto dela.

Rogou-lhe que lhe emprestasse,
Pois tinha riqueza e brio,
Algum grão com que manter-se
Té voltar o aceso estio.

"Amiga, — diz a cigarra —
Prometo, à fé d'animal,
Pagar-vos antes de agosto
Os juros e o principal."

A formiga nunca empresta,
Nunca dá, por isso junta:
"No verão em que lidavas?"
À pedinte ela pergunta.

Responde a outra: "Eu cantava
Noite e dia, a toda hora.
— Oh! Bravo!, torna a formiga;
Cantavas? Pois dança agora!"

Os ladrões e o asno

Gonçalves Crespo (Trad.)

Brigavam dois ladrões por um roubado burro:
Com ele um quer ficar, quer outro expô-lo à venda
E enquanto a discussão entre ambos corre a murro,
Terceiro vem que empolga a causa da contenda.

Não raro uma província ao burro é semelhante.
E uns príncipes quaisquer, iguais aos salteadores:
O Turco, o Transilvano, o Húngaro — em que instante,
Em vez de dois que busco, eis três dos tais senhores!

Abunda esta fazenda — embora com frequência
Nenhum lugar consiga a terra conquistada,
Se vem o quarto ladrão que rindo da pendência
Cavalga no jumento e aos três dá surriada.

A RAPOSA E A CEGONHA

Curvo Semedo (Trad.)

Quis a raposa matreira
Que excede a todas na ronha,
Lá por piques de outro tempo,
Pregar um ópio à cegonha.

Topando-a, lhe diz: "Comadre,
Tenho amanhã belas migas,
E eu nada como com gosto
Sem convidar as amigas.

De lá ir jantar comigo
Quero que tenha a bondade;
Vá em jejum porque pode
Tirar-lhe o almoço a vontade".

Agradeceu-lhe a cegonha
Uma oferenda tão singela,
E contava que teria
Uma grande fartadela.

Ao sítio aprazado foi.
Era meio-dia em ponto.
E com efeito a raposa
Já tinha o banquete pronto.

Espalhadas em um lajedo
Pôs as migas do jantar
E à cegonha diz: "Comadre,
Aqui as tenho a esfriar.

Creio que são muito boas, —
Sansfaçon, — vamos a elas".
Eis logo chupa metade
Nas primeiras lambidelas.

No longo bico a cegonha
Nada podia apanhar;
E a raposa em ar de mofa,
Mamou inteiro o jantar.

Ficando morta de fome,
Não disse nada a cegonha;
Mas logo jurou vingar-se
Daquela pouca vergonha.

E afetando ser-lhe grata,
Disse: "Comadre, eu a instigo

A dar-me o gosto amanhã
D'ir também jantar comigo".

A raposa lambisqueira
Na cegonha se fiou,
E ao convite, às horas dadas,
No outro dia não faltou.

Uma botija com papas
Pronta a cegonha lhe tinha;
E diz-lhe: "Sem cerimônia,
A elas, comadre minha".

Já pelo estreito gargalo
Comendo, o bico metia;
E a esperta só lambiscava
O que à cegonha caía.

Ela, depois de estar farta,
Lhe disse: "Prezada amiga,
Demos mil graças ao céu
Por nos encher a barriga".

A raposa conhecendo
A vingança da cegonha,
Safou-se de orelha baixa,
Com mais fome que vergonha.

Enganadores nocivos,
Aprendei esta lição.
Tramas com tramas se pagam,
Que é pena de Talião.

Se quase sempre os que iludem
Sem que os iludam não passam,
Nunca ninguém faça aos outros
O que não quer que lhe façam.

O MENINO E O MESTRE-ESCOLA

Barão de Paranapiacaba (Trad.)

Tenho em vista zurzir na minha história
Todo o pedante, autor de vão discurso,
Que ralhando, não vale a quem se afoga,
    À míngua de recurso.

Rapaz travesso, doidejando às soltas,
Perto da margem de empolado rio
Tais cabriolas fez que, ao fim de contas,
    Dentro d'água caiu.

Quis o céu que no sítio do sinistro
Vegetasse, a propósito, um salgueiro,
A que, abaixo de Deus, salvar a vida
    Deveu o calaceiro.

Passava por ali um mestre-escola;
E o rapaz a gritar: "Senhor, socorro!
Acudi-me, por Deus, que o ramo estala,
    E, em se quebrando, eu morro".

Ouvindo este clamor, o pedagogo,
Sem notar ser imprópria a ocasião,
Dirige ao pobre, prestes a afogar-se,
    Este longo sermão:

"Vêde a que ponto chega a travessura!
Vão lá matar-se por traquinas tais!
Como é difícil tomar conta deles!
    Oh! Desgraçados pais!

Quanto à família e aos mestres envergonham!
Que sustos causam! Que profunda mágoa!"
Tendo assim esgotado o palanfrório,
    Tira o menino d'água.

Gente, em que não pensais, aqui se abrange;
Pedantes, tagarelas e censores,
Entram no quadro, que esboçado fica
    Com verdadeiras cores.

Faz grande turma cada classe dessas,
— Raça, da Providência abençoada,
Que em tudo busca exercitar, sem peias,
    Sua língua afiada. —

Mas ouve, amigo meu: Se em transes luto
Vem primeiro livrar-me do embrechado;
Deita arenga depois e a gosto exaure
    O teu palavreado.

O GALO E A PÉROLA

Gonçalves Crespo (Trad.)

Um galo achou num terreiro
Uma pérola, e ligeiro
Corre a um lapidário e diz:
"Isto é bom, é de valia,
De milho um grão todavia
Era um achado mais feliz".

Um néscio ficou herdeiro
De um manuscrito, e a um livreiro
Vai à pressa, e fala assim:
"É bom, é livro acabado,
Concordo, mas um *ducado*
Valia mais para mim!"

O CARVALHO E O CANIÇO

Barão de Paranapiacaba (Trad.)

Dizia ao caniço robusto carvalho:
   "Sou grande, sou forte;
És débil e deves, com justos motivos,
   Queixar-te da sorte!

Inclinas-te ao peso da frágil carriça;
   E a leve bafagem,
Que enruga das águas a linha tranquila
   Te averga a folhagem.

Mas minha cimeira tufões assoberba,
  Com serras entesta;
Do sol aos fulgores barreiras opondo,
  Domina a floresta.

Qual rija lufada, do zéfiro o sopro,
  Te soa aos ouvidos,
E a mim se afiguram suaves favônios
  Do Norte os bramidos.

Se desta ramagem, que ensombra os contornos,
   A abrigo nasceras,
Amparo eu te fora de suis e procelas,
   E menos sofreras.

Mas tens como berço brejais e alagados,
   Que o vento devasta.
Confesso que sobram razões de acusares
   A sorte madrasta."

Responde o caniço: "Das almas sensíveis
   É ter compaixão;
Mas crede que os ventos, não menos que os fracos,
   Minazes vos são.

Eu vergo e não quebro. Da luta com o vento
   Fazeis grande alarde;
Julgais que heis de sempre zombar das borrascas?
   Té ver não é tarde."

Mal isto dissera, dispara do fundo
   Dum céu carregado
O mais formidável dos filhos que o Norte
   No seio há gerado.

Ereto o carvalho, faz frente à refrega;
   E o frágil arbusto
Vergando, flexível — do vento aos arrancos
   Resiste, sem custo.

Mas logo a nortada, dobrando de força,
   Por terra lançava
O roble que às nuvens se erguia e as raízes
   No chão profundava.

╰᲌╯

Livro II

Contra os de gosto exigente

Barão de Paranapiacaba (Trad.)

Se ao nascer, eu tivesse em partilha,
Esses dons geniais e seletos,
Que, a mãos cheias, a mãe da Epopeia
Conferiu a seus vates diletos;

Às mentiras de Esopo os sagrara;
Porque foram mentira e poesia
Sempre amigas, vivendo no seio
Da mais plena e perfeita harmonia.

Mas não sou tão mimoso do Pindo,
Que alindar ouse tantas ficções;
Posso e tento somente algum brilho
Dar do Frígio às gentis invenções.

Talvez outros anais hábeis consigam
Esse fito alcançar, que mirei;
Entretanto, de certa maneira,
O sistema do mestre alterei.

Até aqui, em linguagem que é nova,
Pus o lobo e o cordeiro a falar;
Inda mais — arvoredos e plantas
Fiz em seres parlantes mudar.

Quem não vê nisso tudo magia?
"Grande coisa (dirão os censores)
Numas seis narrações de crianças,
Esgotastes da forma os primores!"

— "Quereis contos de autêntica origem,
E de estilo grandíloquo e sério?
Vou, de pronto, exigentes censores,
Sujeitá-los ao vosso critério...

Lassos os Gregos de lutar dez anos
Contra as velhas, ilíacas muralhas,
Ferem assaltos mil e cem batalhas,
Sem alcançar vitória dos Troianos.

Um cavalo de pau, que se dizia
De Palas artifício e invento novo,
Os chefes principais do argivo povo
Em seus enormes flancos recebia.
Diomedes prudente, Ajax fogoso,
O sábio Ulisses, esquadrões a rodo,
Leva em si o colosso monstruoso,
Que deve Troia destruir de todo.
Nem poupam numes do furor tremendo.
O engenhoso, inaudito estratagema
Paga do construtor fadiga extrema..."
"— Basta! (Vai um dali me interrompendo)
Que período longo! Estou cansado!
Esse grande cavalo de madeira,
Tanto herói, tanta gente assim guerreira,
É tema tedioso e repisado.
Antes o canto do raposo arteiro,
Que do estólido corvo a voz exalta.
Demais — é vosso tom muito altaneiro!
Mudai de solfa; assunto não vos falta".

Desço de tom. Eis um tema
Que, há pouco, me não lembrava:
"Amarílide ciumenta
Em seu Alcino pensava;

Julga ter por testemunhas
Somente o cão e os carneiros.
Tircis, que a vira de longe,
Metendo-se entre os salgueiros,

Ouve a pastora, que às brisas
Atira o terno descante,
Pedindo-lhes vão levá-lo
A seu dedicado amante..."

— "Vêde essa quadra (diria
Um crítico impertinente):
Metei-a outra vez na forja,
Pois não tem rima cadente".

— "Duro censor! Não te calas?
Não queres que finde o conto?
Agradar meticulosos
É bem delicado ponto".

Os que têm gosto difícil
Em tudo encontram defeitos;
Nada lhes toa. Infelizes!
Nunca vivem satisfeitos!

O CONSELHO DOS RATOS

Curvo Semedo (Trad.)

Havia um gato maltês,
Honra e flor dos outros gatos;
Rodilardo era o seu nome,
Sua alcunha — Esgana-ratos.

As ratazanas mais feras
Apenas o percebiam,
Mesmo lá dentro das tocas
Com susto dele tremiam;

Que amortalhava nas unhas
Inda o rato mais muchucho,
Tendo para o sepultar
Um cemitério no bucho.

Passava entre aqueles pobres,
De quem ia dando cabo,
Não por um gato maltês,
Sim por um vivo diabo.

Mas janeiro ao nosso herói
Já dor de dentes causava,
E ele de telhas acima
O remédio lhe buscava.

Dona Gata Tartaruga,
De amor versada nas lides,
Era só por quem na roca
Fiava este novo Alcides.

Em tanto o deão dos ratos,
Achando léu ajuntou
Num canto do estrago o resto,
E ansioso assim lhe falou:

"Enquanto o permite a noite,
Cumpre, irmãos meus, que vejamos
Se à nossa comum desgraça
Algum remédio encontramos.

Rodilardo é um verdugo
Em urdir nossa desgraça;
Se não se lhe obstar, veremos
Finda em breve a nossa raça.

Creio que evitar-se pode
Esse fatal prejuízo;
Mas cumpre que do agressor
Se prenda ao pescoço um guizo.

Bem que ande com pés de lã.
Quando o cascavel tinir,
Lá onde quer que estivermos
Teremos léu de fugir".

Foi geralmente aprovado
Voto de tanta prudência;
Mas era a dúvida achar
Quem fizesse a diligência.

"Vamos saber qual de vós,
Disse outra vez o deão,
Se atreve a dar ao proposto
A devida execução."

— Eu não vou lá, disse aquele;
— Menos eu, outro dizia;
— Nem que me cobrissem de ouro,
Respondeu outro, eu lá ia!

— Pois então quem há de ser?
Disse o severo deão;
Mas todos à boca cheia
Disseram: "Eu não, eu não!"

Tornou-se em nada o congresso;
Que o aperto às vezes é tal,
Que o remédio que se encontra
Inda é pior do que o mal.

Assim mil coisas que assentam
Numa assembleia, ou conselho;
Mas vê-se na execução
Que tem dente de coelho.

O LOBO PLEITEANDO CONTRA O RAPOSO
PERANTE O MACACO

Curvo Semedo (Trad.)

Queixou-se uma vez o lobo
De que se via roubado,
E um mau vizinho raposo
Foi desse roubo acusado.

Perante o mono foi logo
O réu pelo autor levado,
E ali se expôs a querela
Sem escrivão nem letrado.

"À porta da minha furna,
Dizia o lobo enraivado,
Pegadas deste gatuno
Tenho na terra observado."

Dizia o réu em defesa:
"Tu, que és ladrão refinado!
O que, se vives de roubos,
Podia eu ter-te furtado?

— Furtaste! — Mentes! — Não minto!"
Questões, gritos, muito enfado,
Já do severo juiz
Tinham a testa azoado.

Nunca Têmis vira um pleito
Tão dúbio, tão intrincado!
Nem que pelos litigantes
Fosse tão bem manejado.

Mas da malícia dos dois
Instruído o magistrado,
Lhes disse: "Há tempo que estou
De quem vós sois informado:

Portanto, em custas em dobro
Seja um e outro multado,
E tanto o réu como o autor,
Por três anos degredado".

Dando por paus e por pedras
O mono tinha assentado,
Que sempre acerta o juiz,
Quando condena um malvado.

O LEÃO E O MOSQUITO

Filinto Elísio (Trad.)

"Vai-te, excremento do Orbe, vil inseto!"
(Ao mosquito dizia o leão um dia)
 Quando, clamando guerra,
 Respondia o mosquito:

— Cuidas que tenho susto, ou faço caso,
   De que rei te intitules? Mais potente
É um rei, que tu não és, e eu dou-lhe o amanho,
Que me dá na vontade. — Assim falando,
Trombeta de si mesmo, e seu herói,
Toca a investir, e pondo-se de largo,
Lança as linhas, e atira-se ao pescoço
   Do leão, que enlouquece,
Que escuma, e que nos olhos relampeja:
Ruge horrendo, e pavor em roda infunde
Tão rijo, que estremece, e que se esconde
Toda a gente. — E era obra dum mosquito
   Tão insólito susto:
Atormenta-o essa esquírola de mosca,
Que ora helfas lhe pica, ora o costado,
   Ora lhe entra nas ventas. —
Então lhe sobe ao galarim a sanha,
Então triunfa, e ri do seu contrário.
O invencível, de ver no irado busto,
Que dentes, garras, em lavá-lo em sangue
   Seu dever desempenham.
O costado do leão se esfola, e rasga,
Dá num, dá noutro quadril co'a cauda estalos,
Fere a mais não poder, c'o açoite os ares. —
Desse extremo furor, que o cansa, e quebra,
   Fica prostrado e torvo. —
Eis que o mosquito ali blasona ovante;
Qual a investir tocou, vitórias toca,
   Pelo Orbe as assoalha,
Pavoneando gira. — Mas no giro
Certa aranha, que estava de emboscada,
   De sobressalto o colhe,
   E lhe chupa a ufania.

Doutrinas serviçais há nesta fábula.
Eis uma: Que o que mais entre inimigos
Devemos de temer, são muitas vezes
   Os mais pequenos deles.
Outra é: Que alguém escapa aos grandes p'rigos,
   Que em menor lance acaba.

O LEÃO E O RATO

Curvo Semedo (Trad.)

Saiu da toca aturdido
Daninho pequeno rato,
E foi cair insensato
Entre as garras de um leão.

Eis que o monarca das feras
Lhe concedeu liberdade,
Ou por ter dele piedade,
Ou por não ter fome então.

Mas essa beneficência
Foi bem paga, e quem diria
Que o rei das feras teria
De um vil rato precisão!
Pois que uma vez indo entrando
Por uma selva frondosa,
Caiu em rede enganosa
Sem conhecer a traição.

Rugidos, esforços, tudo
Balda sem poder fugir-lhe;
Mas vem o rato acudir-lhe
E entra a roer-lhe a prisão.
Rompe com seus finos dentes
Primeira e segunda malha;
E tanto depois trabalha,
Que as mais também rotas são.

O seu benfeitor liberta,
Uma dívida pagando,
E assim à gente ensinando
De ser grata à obrigação.
Também mostra aos insofridos,
Que o trabalho com paciência
Faz mais que a força, a imprudência
Dos que em fúria sempre estão.

A POMBA E A FORMIGA

Curvo Semedo (Trad.)

Enquanto a sede uma pomba
Em clara fonte mitiga,

Vê por um triste desastre
Cair n'água uma formiga.

Naquele vasto oceano
A pobre luta e braceja,
E vir à margem da fonte
Inutilmente deseja.

A pomba, por ter dó dela,
N'água uma ervinha lança;
Neste vasto promontório
A triste salvar-se alcança.

Na terra a põe uma aragem;
E livre do precipício,
Acha logo ocasião
De pagar o benefício;

Que vê atrás de um valado,
já fazendo à pomba festa,
Um descalço caçador
Que dura farpa lhe assesta.

Supondo-a já na panela,
Diz: "Hei de te hoje cear!"
Mas nisto a formiga astuta
Lhe morde num calcanhar.

Sucumbe à dor, torce o corpo,
Erra o tiro, a pomba foge;
Diz-lhe a formiga: "Coitado!
Foi-se embora a ceia de hoje!"

De boca aberta ficando,
Conhece o pobre glutão
Que só devemos contar
Com o que temos na mão.

E posto enfim que haja ingratos,
Notar devemos também
Que as mais das vezes no mundo
Não se perde o fazer bem.

A GATA METAMORFOSEADA EM MULHER

Barão de Paranapiacaba (Trad.)

A uma gata que tinha, um tal pascácio
  Com paixão adorava.

Era tão meiga, delicada e bela!
   E tão doce miava!

Doido, mais doido que os que estão no hospício,
   O nosso namorado,
Com preces, choro, encantos, sortilégios,
   Logrou dobrar o fado.

Numa bela manhã nossa gatinha
   Em mulher se mudou;
E o seu adorador, no mesmo dia,
   Por esposa a tomou.

Doido de amor, qual fora de amizade,
   O hipocôndrico esposo
julga a mulher — das perfeições da Terra
   Santo ideal formoso.

Enche-a de adulações, cobre-se de mimos;
   E nem longes sequer
Lhe vê de gata; ilude-se, julgando-a
   Toda e em tudo mulher.

Uns ratinhos, porém, roendo a esteira,
   Vieram perturbá-los.
Presto a moça levanta-se do leito;
   Mas não pôde apanhá-los.

Tornam os ratos a arranhar a esteira;
   E a noiva, de gatinhas,
Agarra, desta vez, os tais murganhos
   Com dentes e mãozinhas.

Em forma de mulher os pobres ratos
    Não na podem fugir,
É deles sorte à gata transformada
    De incentivo servir.

Este caso o poder da natureza
    Nos demonstra de sobra;
Passado certo tempo o vaso embebe,
    O pano toma a dobra.

Em vão do sestro e propensão que a levam
    Quereis desavezá-la;
Por mais que trabalheis, zomba de tudo;
    Não podeis reformá-la.

Nem à força de cilha, ou de forcados,
    Mudará de feição;
Nem lograreis o impulso dominar-lhe,
    Empunhando um bastão.

Fechai-lhe a porta, como se expelísseis
    Figadal inimigo;
Há de voltar a rápido galope
    Ou forçar o postigo.

Livro III

O MOLEIRO, O FILHO E O BURRO

Barão de Paranapiacaba (Trad.)

Sendo a invenção das artes
Direito de morgado,
Foi na vetusta Grécia
O apólogo inventado.

Não se lhe pode a messe
De modo tal ceifar,
Que aos pósteros não reste
Muito que respigar.

Na terra fabulosa
Há regiões desertas,
Onde os poetas fazem
Contínuas descobertas.

Um caso ouvi, que mostra
Engenho de invenção;
Dele a Racan fizera
Malherbe a narração.

Esses rivais de Horácio,
De sua lira herdeiros,
Discípulos de Apolo
E mestres verdadeiros,

A sós, sem testemunhas,
Num sítio se encontraram,

E assim ideias penas,
Um de outro confiaram.

RACAN

"Ó vós, que tantos marcos
Passastes da existência,
Que tendes deste mundo
Tão longa experiência:

Dizei-me que carreira
Eu devo preferir:
Desejo seriamente
Pensar no meu porvir.

Sou vosso conhecido;
Sabeis quem são meus pais,
Se tenho algum talento,
Juízo e cabedais.

Convém que na província
Morada eu vá fixar?
Cargo exercer na corte,
Ou na milícia entrar?

Mescla de amargo e doce
Tem quanto o mundo encerra;
Há no himeneu seus sustos,
Seu júbilo há na guerra.

Se o gosto meu seguisse
Soubera o que escolher.
Mas devo à corte, ao povo
E aos meus satisfazer".

MALHERBE

"Querer que de seus atos
O mundo se contente?!
Antes de responder-vos
Ouvi-me atentamente:

Li algures que um velho moleiro
E seu filho — taludo *muchacho* —
Certo dia na feira vizinha
Tinham ido vender um seu macho.

Por poupá-lo e por ele bom preço
Alcançar — eis o meio que empregam:
Reunindo-lhe as patas, o ligam,
E num pau, como a lustre, o carregam.

O primeiro que os viu na passagem,
Irrompeu em tremenda risota:
"Oh! Meu Deus! Que visíveis pascácios!
Que basbaques! Que gente idiota!

Onde vai este par de galhetas
Pôr em cena tão parvo entremez?
Nesse grupo o que chamam de burro
Não parece o mais burro dos três".

O Moleiro, que ouvira a chacota,
Conhecendo-se réu de sandice,
Fez que o bruto, liberto das cordas,
Por seus cascos jornada seguisse.

Nosso burro, a quem mais aprazia
Viajar daqueloutra maneira,

Ornejou séria queixa a seu dono,
Que foi surdo à asinal choradeira.

Sobe o moço ao costado do macho,
E o moleiro no encalço lhes vai;
Eis um grupo de três mercadores
De repente, ao encontro lhes sai.

Um dos tais, a esbofar-se, gritava
"Isto é carro adiante de bois!
Pois o moço é que vai repimpado.
Indo à pata o mais velho dos dois!

Tens lacaio de barbas de neve!
Eia, desce, rapaz, sem demora!
Deixa o velho montar na alimária;
É servir-lhe de pajem agora".

— Meus senhores, eu vou contentar-vos —
(Dá-se pressa em dizer o velhote).
Desce o filho e cavalga o burrico,
Que despeja o caminho, de trote.

Encontraram parado na estrada
De três moças ulhento farrancho;
Uma diz: "A criança a estrompar-se.
E o barbaças montado, tão ancho!

Bamboleia-se e faz-se bonito,
A pimpar, qual um bispo, o patola!
Quem assim à galhofa se presta
Tem decerto pancada na bola".

MOLEIRO

"Raparigas, deixai-vos de asneiras;
Eu já velho, a chibar de bonito!
Ide embora; não devo aturar-vos,
Nem vos quero servir de palito".

De dar troco a dichotes já farto,
Põe o velho o rapaz à garupa;
Mas debalde; que a pouca distância,
Nova troça com ele se ocupa.

TROÇA

"Esta gente perdeu o miolo!
Pobre burro! Tem sobra de lastro!
Se o perseguem de espora e azorrague,
Dão-lhe cabo do frágil canastro.

Vão causar a este velho servente
Com tal carga mortal pulmoeira.
Dentro em pouco ele estica os jarretes;
Só a pele lhe vendem na feira".

MOLEIRO

"Pretender contentar toda a gente
É decerto chapada toleima;
Mas tentemos o extremo recurso;
Se falhar, não persisto na teima".

Descem ambos. Qual bispo em viagem
Grave marcha o burrico adiante;
Eis, de lado: "Ó que cena gaiata!
(Zombeteiro lhes grita um tunante);

Pois então anda o burro a seu gosto
E o moleiro, pedestre, a escoltá-lo?
Qual se deve cansar? Burro, ou dono?
É melhor nuns bentinhos guardá-lo.

Quem antes rustir os sapatos
E o brutinho poupar. Nicolau,
(Diz a copla) se vai ver Joana,
É montado em seu velho quartau.
Ó que trio de brutos sendeiros!"

MOLEIRO

"Razão tendes, sou burro; estou vendo;
Mas foi bom; pois, de agora em diante,
Só por mim dirigir-me pretendo.

Quer a gente me louve, ou censure,
Quer de minhas ações nada diga,
Hei de sempre entregá-la ao desprezo,
Sem que nunca afligir-me consiga".

Quanto a vós, o Racan, convencei-vos:
Quer sigais as fileiras de Marte,
Quer do príncipe entreis ao serviço.
Quer do Amor arvoreis o estandarte;

Ide, vinde, ou caseis na província;
Alto emprego ou governo ocupeis;

Hão de sempre cortar-vos na pele
Sem que a boca do mundo tapeis.

AS RÃS PEDINDO REI

Francisco Palha (Trad.)

Viviam certas rãs num charco imundo
Em república plena. Era um pagode!
Tal qual uns democratas, que há no mundo,
Julgando que a república, no fundo,
Outra coisa não é senão a gente
Fazer o que bem quer e quanto pode,
A rã tripudiava impunemente.
Todos os dias era certo o choque
Entre o batráquio forte, intransigente,
E parte da nação, já descontente,
Que a Júpiter pedia ou rei ou roque.

O deus fez-lhe a vontade.
Largou-lhe lá do céu um rei pacato,
De suma gravidade,
Das alturas tombando, o rei na queda
Fez tal espalhafato,
Que as fêmeas em pavor, os machos fulos,
Aquelas saltitando, estes aos pulos,
Como é uso das rãs nas grandes crises,
Cada qual a gritar: arreda!, arreda!
Entre os juncais, no lodo, nas raízes
    Dos salgueiros se enreda.

Por longo tempo em seus esconderijos
Das rãs esteve homiziado o povo,

Transformaram-se em medo os regozijos
Da antiga bacanal. Gigante novo
Cuidavam ser o rei que o céu lhes dera.
Não ousavam sequer sair da toca:
Pois, não raro, os instintos maus de fera
Por imprudente a presa é que os provoca.
Já nessas muito a pelo vinha
Dizer: *Cautela e caldo de galinha...*

O rei era um pedaço de madeira.
Nem mais, nem menos. — Numa bela tarde
Uma das rãs, por ser menos covarde
Ou mais bisbilhoteira,
Tirou-se de cuidados, manso e manso
Na flor das águas surge, e, às guinadinhas,
Com muito tento e jeito,

Do cepo se aproxima.
Após ela vem outra... e outra... aos centos!
Vendo que o rei não sai do seu ripanço,
Rodeiam-no; coaxam: *Salta acima...*
    E coaxado e feito!...

O rei, temido outrora, às picuinhas
Dessa chusma vilã se vê sujeito.
    Em rápido momento
Sobre ele a malta audaz se encarapita,
E faz do bom monarca um bom assento.
Nem chus nem bus! Galado que nem porta,
Qual fora noutros tempos!...
Isso irrita.
Rompem as rãs então numa algazarra
    Que o pântano atordoa,
Os fios d'alma a quem as ouve corta:
"Leva daqui, ó Jove, esta almanjarra
Que nem mexe, nem pune, nem perdoa,
E mais parece uma alimária morta,
    Cabide duma croa.
Em vez de nosso rei — nossa vergonha!"

Vai Júpiter que faz? Uma cegonha
Das muitas que possui logo destaca,
E manda que das rãs ponha e disponha,
Numa das mãos o queijo e noutra a faca.
Ora a cegonha, apenas em seu trono
Dona das rãs se vê e sem ter dono,
Diz consigo:
    "Nasci dentro de um fole!
Quem tira agora o papo da miséria
Sempre sou eu!..."
    Passeia toda séria,

Perna aqui... perna além, num andar mole
E quanta rã apanha quanta engole.
Geral consternação o charco enluta,
    Renovam-se as lamúrias:
Que o rei é doido e tem às vezes fúrias;
Que, doido ou não, o povo trata à bruta;
Doutro rei que as não coma mais depressa
Por fim, que faça o deus formal promessa!
    Mas Júpiter tonante
Destarte lhes responde:
                      "Inútil prece!
Dei-vos um rei tranquilo, inofensivo,
Que nem sempre se tem, nem se merece:
    Um rei que era um regalo!
Foi vê-lo e pô-lo pela barra fora!
Dei-vos segundo: um gênio um pouco vivo...
    Meninas, aguentá-lo!
Era bom o primeiro e foi-se embora.
    É mau esse de agora.
Contentai-vos com ele, ó meus indezes,
Que venha quem vier... pior mil vezes!"

O RAPOSO E O BODE

Barão de Paranapiacaba (Trad.)

O capitão raposo
Ia caminho ao lado
De seu amigo bode,
D'alta armação dotado.

Este não via um palmo
Diante do nariz;

Era formado aquele;
Nas burlas mais sutis.

Ungidos pela sede,
Lograram penetrar
Num poço, cujas águas
Sorveram a fartar.

Disse o raposo ao bode:
"O que fazer agora?
Beber não foi difícil;
É sim vir para fora.

As tuas mãos e pontas
Ergue, compadre, acima,
E o corpo sobre o muro
Solidamente arrima.

Subindo por teu lombo,
Trepando na armação,
Alcançarei a borda,
A fim de dar-te a mão."

BODE

"Por minhas barbas, digo:
Podes ficar ufano!
Jamais eu descobrira
Tão engenhoso plano."

Safando-se o raposo,
O bode lá deixou;
E sobre a paciência
Este sermão pregou:

RAPOSO

"Se Deus te dera tino
Em dose à barba igual,
De certo não caíras
Em arriosca tal.

O caso é que estou fora!
E pois, compadre, adeus!
Livra-te desse apuro,
Dobrando esforços teus.

Veda negócio urgente
Que eu possa te valer."

Quem entra numa empresa
O fim deve prever.

A GOTA E A ARANHA

Barão de Paranapiacaba (Trad.)

Quando a aranha e a doença da gota
Rebentaram do abismo infernal,
"Sois, ó filhas, lhes disse o demônio,
Dois terríveis agentes do mal.

Cumpre agora escolher os lugares,
Para vossa morada talhados;
Vede aqueles humildes casebres,
E esses lindos palácios dourados;

Decidi-vos por uns, ou por outros,
Pois que neles deveis habitar;
E, na falta de acordo, é preciso
Pela sorte essa escolha fixar."

"Vá morar quem quiser em choupanas!"
(Diz a aranha com ar de desprezo).

Mas a gota que vira em palácio
Uma escola hipocrática em peso;

Refletiu que entre tantos doutores
Não podia à vontade viver;
Preferiu a palhoça e no artelho
De um lapuz foi-se, a gosto, esconder.

"Creio (diz) que não fico inativa
Neste posto que a salvo escolhi,
E que a gente que segue a Esculápio
Não me obrigue a mudar daqui.

Num floreio dourado do teto
Fez a aranha segura guarida,
Trabalhando a valer, qual se houvesse
Arrendado aposento por vida.

Que engenhosa era a teia que urdira!
Quantas moscas na rede prendeu!
Mas no dia seguinte a criada
Todo aquele artefato varreu.

Surge a rede tecida de novo,
E a vassoura outra vez a arrepanha,
Compelindo a mudar de aposento
Cada dia coitada da aranha.

Tendo embalde exaurido os recursos,
Foi o inseto da gota em procura;
Encontrou-a no campo gemendo
Entre as garras de atroz desventura.

Nem a mais infeliz das aranhas
Poderá comparar-se com ela.
Racha lenha com seu hospedeiro,
Cava, sacha, revolve a coirela.

Atormente-se a gota (é provérbio)
E metade da cura teremos. —
Diz a gota "Ai, irmã! Já não posso!
Eu vos peço — de casa troquemos."

Pronta a irmã da palavra lhe pega
E a cabana investiu sem tardança;
Lá não acha vassouras que a forcem
A viver em contínua mudança.

Eis a gota, que às juntas, de um bispo
Do seu lado, frechara direito,
Ceva nele o furor, condenando-o
A não mais levantar-se do leito.

São baldadas fricções, cataplasmas;
Vai de mal a pior o doente;
Nem se pejam os tais doutoraços
De entreter a moléstia da gente.

Foi-lhes útil, portanto, o remédio;
Dessa troca vantagens colheram.
Ambas tendo conforto e agasalho
Satisfeitas da sorte viveram.

O LOBO E A CEGONHA

Barão de Paranapiacaba (Trad.)

Vorazes comem lobos;
Nada lhes vence a gana;
Eis o que fez um deles;
Em farta comezaina.

Tão sôfrego engolira,
Sua avidez foi tanta,
Que de través lhe fica
Um osso na garganta.

Sentindo-se engasgado,
E sem poder gritar,
julgou-se na agonia
E prestes a expirar.

Uma cegonha (ó dita!)
Passa dali vizinha;
Chamada por acenos,
Vem acudi-lo asinha.

Com grande habilidade
Procede à operação;
Retira o osso — e a paga
Requer do comilão.

"A paga! (exclama o lobo)
Comadre! Estás brincando!
Pois não te deixo livre,
A vida desfrutando?

Não me saiu dos dentes
Tua cabeça intata?
Vai-te e das minhas garras
Cuida em fugir, ingrata!"

A RAPOSA E AS UVAS

Bocage (Trad.)

Contam que certa raposa,
Andando muito esfaimada,
Viu roxos maduros cachos
Pendentes de alta latada.

De bom grado os trincaria,
Mas sem lhes poder chegar.
Disse: "Estão verdes, não prestam,
Só cães os podem tragar!"

Eis cai uma parra, quando
Prosseguia seu caminho,
E crendo que era algum bago,
Volta depressa o focinho.

OS LOBOS E AS OVELHAS

Couto Guerreiro (Trad.)

Os lobos e as ovelhas, que tiveram
Uma guerra entre si, tréguas fizeram:
Os lobos em reféns lhes entregavam
Os filhos; as ovelhas os cães davam.
Os lobinhos, de noite, pela falta
Dos pais, uivavam todos em voz alta:
Acudiram-lhes eles acusando
As ovelhas de um ânimo execrando;
Pois contra o que é razão e o que é direito,
Algum mal a seus filhos tinham feito:
Faltavam lá os cães que as defendessem,
Deu isso ocasião a que morressem.

Haja paz, cessem guerras tão choradas;
Mas fiquem sempre as armas e os soldados,
Que inimigos que são atraiçoados,
Tomaram ver potências desarmadas.

Não durmam, nem descansem confiadas
Em ajustes talvez mal ajustados:
Nem creiam na firmeza dos tratados,
Que os tratados às vezes são tratadas.

Só as armas os fazem valiosos,
E ter muitos soldados ali juntos
Respeitáveis a reis insidiosos;

Senão, para os quebrar há mil assuntos;
E mais tratados velhos, carunchosos,
Firmados na palavra dos defuntos.

O LEÃO VELHO

Bocage (Trad.)

Decrépito o leão, terror dos bosques,
E saudoso da antiga fortaleza,
Viu-se atacado pelos outros brutos,
Que intrépidos tornou sua fraqueza.

Eis que o lobo com os dentes o maltrata,
O cavalo com os pés, o boi com as pontas,
E o mísero leão, rugindo apenas,
Paciente digere estas afrontas.

Não se queixa dos fados, porém, vendo
Vir o burro, animal d'ínfima sorte:
"Ah! Vil raça! — lhe diz — morrer não temo,
Mas sofrer-te uma injúria é mais que morte!"

A MULHER TEIMOSA AFOGADA

Curvo Semedo (Trad.)

Um homem que era casado
Com mulher néscia e teimosa,
Que tinha um gênio danado,
    Foi um dia
Fazer certa romaria,
Distante do povoado.

Eis que um rio caudaloso
No fim da estrada encontraram,
Que passar era forçoso.

O marido
Sonda o vau, e, prevenido,
Teme entrar no pego undoso.

A mulher, teimosa e má,
Lhe diz: "Entra n'água, ó fona,
Que perigo nenhum há.
 — Há perigo,
Torna-lhe ele, — e não prossigo!"
E ela diz: "Pois eu vou lá!"

Nisto, mete-se imprudente
À levada impetuosa
Feita pela grossa enchente;
 Então cai,
E, indo ao fundo aos urros, vai
Envolvida na corrente.

Aterrado o pobre esposo,
Vendo aquela atroz desgraça,
Inda quer salvá-la ansioso;
    Que a lastima,
E vai pelo rio acima
Procurando-a cuidadoso.

Os que viram abismá-la,
Vendo-o ir contra a corrente,
Dizem: "Valha-te uma bala,
    Ó borracho!
Se foi pelo rio abaixo,
Lá em cima é que hás de achá-la?"

Torna-lhe ele: "Este dragão
Sempre com todos viveu
Em fera contradição,
    E por má,
juro que subindo irá,
Se as águas descendo estão.

Às avessas da outra gente
Andou toda a sua vida;
Mas já teimosa imprudente
    Não será;
Que o gênio que o berço dá
Tira-o a tumba somente".

O GATO E O RATO VELHO

Barão de Paranapiacaba (Trad.)

Num fabulista li que um tal bichano
      Rodilardo segundo,
Tomou a peito, exterminando os ratos,
      Livrar deles o mundo.

No felino Alexandre os ratos viam
      Átila algoz e fero;

Tremiam todos, uma légua em torno,
    Desse novo Cérbero.

Arsênico, mundéus, tábuas em falso,
    E toda ratoeira
Eram, do gato a par, armas de morte,
    De infantil brincadeira.

Mas, vendo o nosso herói que a grei dos ratos
    Das tocas não saía,
E, por mais forte caça que lhe desse,
    Nem um aparecia;

Pendura-se, ocultando as ligaduras,
    Pelos pés, numa viga,
Para iludir, fingindo-se de morto,
    A caterva inimiga.

Julgam os ratos justiçado o biltre,
    Porque a alguém arranhara,
Porque talvez furtara assado ou queijo,
    Ou panelas quebrara.

Todos ajustam de lhe rir no enterro,
    Em tripúdio escarninho.
Pondo no ar o nariz, a medo avançam
    A ponta do focinho.

Voltam todos depois aos seus buracos;
    Mas, de novo saindo,
Dão quatro passos, a sondar terreno,
    Farejando, inquirindo.

Mas o melhor da festa é que o defunto,
    Ressurge inopinado,
E, em pé caindo, agarra alguns que a toca
    Não tinham alcançado.

"Sei outras artes mais (diz mastigando-os);
    Foi velho ardil de guerra
Esse que vistes. De que vale, estultos,
    Esconder-vos na terra?

Não vos hão de salvar essas cavernas
    Que vos servem de abrigo.
Caireis, um por um, cá no bandulho.
    Crede no que vos digo."

Cumpriu-se a predição. *Mestre Melúria*
    Mais outra lhes pregou;
Branqueando em farinha, em ucha aberta
    Matreiro se agachou.

Saiu-se bem da treta, pois os bichos
    Que dão curtos pulinhos,
Vieram nos gadanhos do verdugo
    Cair como patinhos.

Só não foi farejá-lo um rato velho,
    Mitrado e mui sabido,
Versado em tricas e que num combate
    Tinha o rabo perdido.

E pois, de longe, ao general dos gatos
    Gritou: "Eu nessa massa
Nada vejo de bom; antes suspeito
    Que encobre uma trapaça.

Para nada te serve o ser farinha;
  E quando foras saco,
Não me chegara, que devemos todos
  Fugir de ti, velhaco".

E disse bem. Aprovo-lhe a prudência;
  Pois que a desconfiança,
No conceito da gente experiente,
  É mãe da segurança.

Livro IV

O leão enamorado

Filinto Elísio (Trad.)

Leão de alta prosápia,
Passando por um prado,
Certa zagala viu mui de seu gosto,
E esposa foi pedi-la.

Quisera o pai menos feroz o genro.
　　Bem duro lhe era o dar-lha: —
Mas também o negar-lha mal seguro;
　　E que inda a ser possível
Negar-lha, é de temer não venha a lume
　　Clandestino consórcio;
Que amava os valentões a mocetona.
　　De grado se encasquetam
As moças, de estofadas cabeleiras.
　　O pai, que não se atreve
A despedir o amante tanto às claras:
　　"Minha filha é mimosa,
E vós podeis, entre esponsais carícias,
　　Arranhá-la com as unhas:
Consenti um cerceio em cada garra,
　　E em cada dente a lima.
Porque os beijos lhe sejam menos ásperos,
　　E a vós mais voluptuosos.
Que, sem tais sustos, há de a minha filha
　　Prestar mais meiga a boca".
Consente o leão: desmantelada a praça,
　　Falto de unhas e dentes.
Laçam-lhe os cães, vai-se o leão. Sem unhas
　　Como há de resistir-lhes?
Quando, Amor, nos agarras, bem podemos
　　Dizer: "Adeus, prudência!"

A MOSCA E A FORMIGA

Couto Guerreiro (Trad.)

Uma mosca importuna contendia
Com a negra formiga, e lhe dizia:
"Eu ando levantada lá nos ares,
E tu por esse chão sempre a arrastares;
Em palácios estou de grande altura,
Tu debaixo da terra em cova escura:
A minha mesa é rica e delicada;
Tu róis grãos de trigo e de cevada:
Eu levo boa vida, e tu, formiga,
Andas sempre em trabalho e em fadiga".
A formiga lhe disse:
    "Tu me enfadas
Com essas tuas vãs fanfarronadas.
Que te importa que eu ande cá de rastos
Com desprezo das pompas e dos fastos?
Para amparo e abrigo não há prova
De valer mais palácio do que cova.
O palácio é do rei ou da rainha,
E não teu; mas a cova é muito minha;

Eu a fiz com a minha habilidade;
Porventura tens tal capacidade?
Para aqui. Tuas prendas afamadas
Não passam de zunir e dar picadas.
No que toca a comer, os meus bocados
Não me sabem pior que os teus guisados.
Teus lhe chamo? — os que furtas: nessa parte
Vás comigo, que eu uso da mesma arte;
Porém, não vivo em ócio e em preguiça,
Como tu, lambareira, metediça;
Por isso te aborrecem e te enxotam
Com uma raiva tal, que ao chão te botam.
Fazem-me porventura esse agasalho?
Louvam-me em diligência e em trabalho:
Eu faço para inverno provimento:
Morres nele — ou por falta de alimento,
Ou por vir sobre ti algum nordeste,
Que para a tua casta é uma peste".

O JARDINEIRO E SEU SENHORIO

Barão de Paranapiacaba (Trad.)

Certo sujeito, curioso em plantas,
Sendo meio burguês, meio roceiro,
Tinha um lindo vergel que cultivava,
    Como bom horteleiro.

Ali, por viva sebe protegidos,
Vicejavam serpol, azeda, alface
E jasmins quanto em anos da filhinha
    Para um ramo bastasse.

Uma lebre turbou-lhe a paz serena.
"O maldito animal (diz o campônio
Ao senhorio seu) zomba dos laços;
    Tem no corpo o demônio.

Todos os dias, de manhã, de tarde,
Vindo a ração buscar, corre sem medo
Entre pedras e paus; até parece
    Negócio de bruxedo".

"Bruxedo o quê? Diabo que ela fosse
(Responde o senhorio) hei de apanhá-la.
Por mais ronha que tenha, o meu Netuno
    Há de desencová-la.

77

Juro, bom homem, que vos livro dela".
"— Quando, meu amo?" — "De amanhã não passa."
E na manhã seguinte ele e seu rancho
   Vêm à lebre dar caça.

"— Vamos nós almoçar? Tem frangos tenros?
Anda cá! Não te escondas, rapariga;
Quando a casamos? Quando temos genro,
   Meu ginja duma figa?

Terás de desatar cordões à bolsa
Para a noiva dotar". Assim falando,
Senta a menina ao lado e vai com ela
   Liberdade tomando.

Numa das mãos lhe pega, apalpa os braços;
Ao lenço do pescoço ergue uma ponta.
Põe-lhe a donzela cobro à demasia,
   Que a pudicícia afronta.

Desconfiando o pai, estranha os modos
E intenções do senhor. Grande alvoroço
Vai na cozinha, enquanto se prepara
   O regalado almoço.

"— Que bons presuntos! Como estão fresquinhos!"
"— Às ordens do patrão; queira aceitá-los."
"— Pois não, e com prazer. Podes, à tarde,
   Ao castelo mandá-los."

Vão de tudo comendo à tripa forra!
Ele e toda a caterva de criados,
Cães e cavalos, que roazes dentes
   Trazem sempre aguçados.

Manda sem cerimônia em casa alheia,
Qual se fosse a sua; estraga o vinho;
Diz graçolas à moça, já vexada
   Do suspeito carinho.

Tecem-se em confusão os caçadores,
Depois do almoço; cada qual se apresta.
Clangor de trompas — do infeliz rendeiro
   Os tímpanos molesta.

Pobre vergel! Que assolação tremenda!
Adeus, verdura e flores de cachopa!
Adeus, canteiro! Nem de salsa um ramo
   Para o caldo se topa!

Buscara a lebre por seguro asilo
De ampla couve tronchuda o pavilhão.
Desaloja-a dali; corre após ela
   Netuno — o fino cão.

O veloz animal sai por um furo;
Furo? Que digo? — Um vão que se escancara;
— Enorme, larga brecha, que o fidalgo
   Na cerca abrir mandara.

Era desar (pensava o senhorio)
Que o nobre castelão e a comitiva
Não pudessem dali partir montados,
   Rasgando a sebe viva.

Dizia, lá consigo, o bom rendeiro:
"São farfalhas de príncipe garboso".
Leva-lhe o vento a voz; sai pela brecha
   O séquito ostentoso.

E a malta do fidalgo, em poucas horas,
Fizera no vergel mais bastos danos
Do que todas as lebres da província
    Fariam em cem anos.

Senhores de pequenos principados!
Liquidai entre vós qualquer pendência.
Buscar os reis para vos pôr de acordo
    É suprema demência.

Não tolereis jamais que um rei se meta
Como amigo e aliado em vossas guerras;
Não o deixeis também, nem por visita,
    Entrar em vossas terras.

O BURRO E O CÃOZINHO

Barão de Paranapiacaba (Trad.)

Nunca forceis o talento,
Que perdereis toda a graça;
Jamais terá fino trato
Um lapuz, faça o que faça.

Poucos, do céu escolhidos,
E a quem Deus quis premiar,
Tiveram, ao vir ao mundo,
O talismã de agradar.

Vede a prova desse asserto
Do burro no proceder,
Quando quis, pra ser amável,
Ao dono, agrado fazer.

"Pois então (dizia o burro,
Em solilóquio secreto)
Há de este cão, por mimoso,
Ser dos patrões o dileto?

De bom leito e farta mesa
Com eles goza as delícias;
Enquanto a pau me desancam
Ele recebe carícias!

Que faz ele? Estende a pata,
E, logo após, é beijado.
Se eu não fizer outro tanto,
Hei de ser bem desasado".

Encasquetada essa ideia,
E vendo o dono contente,
Ei-lo, vai para seu lado,
Andando pesadamente.

Levanta ao rosto do dono
Casco, já gasto e asqueroso,
Juntando ao ato o solfejo
Do seu canto gracioso.

DONO

"Que afago e que melodia!
Arrocho nele, Martim!"
Muda o tom com a sova o burro
E a farsa termina assim.

O MACACO E O GOLFINHO

Couto Guerreiro (Trad.)

Costumam os malteses nos navios
Divertir-se com cães e com bugios:
Afundou-se um navio desta gente
Junto a Sunio, que é cabo pertencente
À terra Ática: andava tudo a nado,
E um bugio também quase afogado.

Um golfinho, que o viu em tanto dano,
Parecendo-lhe ser vivente humano,
As costas lhe oferece; vem por cima
Das ondas, com o fim de que o redima.

Defronte do Pireu, que é estaleiro
De Atenas, perguntou ao companheiro
Se era dessa cidade. — Respondia
Que sim, e da mais alta fidalguia.
"Conheces o Pireu?" lhe perguntava.
O macaco, cuidando que falava
De algum homem, dizia: "É um amigo,
Que estreita confiança tem comigo".

O golfinho ficou tão iracundo
Da mentira, que o pôs logo no fundo.
O golfinho foi muito rigoroso
Em dar ao mentiroso tão mau trato;
Porém, todo o sujeito que é sensato,
Deve apartar de si o mentiroso.
O tratá-lo sempre é muito danoso;
Por isso haja cautela, haja recato;
Porque quando mo faz muito barato,
Ou me deixa enganado, ou enganoso,
Se me deixa enganado, fico tido
Por néscio; e de tal modo enganaria,
Que eu fique, além de pobre, escarnecido:

Se, pegando-me a sua epidemia,
Me deixou enganoso, estou perdido;
Que de um que mente bem ninguém se fia.

O GAIO QUE SE REVESTIU DAS PENAS DO PAVÃO

Barão de Paranapiacaba (Trad.)

De certo pavão na muda
Um gaio as penas tomou,
E a roupagem cambiante
Ao próprio corpo adaptou.

Foi, depois, fazer figura,
A pimpar entre os pavões.
Conhecido — ei-lo enxotado,
A bicadas e empuxões.

Foge, entre vaia estrondosa,
Corrido, ludibriado;
Leva o corpo em carne viva,
Pelos pavões depenado.

Buscando asilo e refúgio
Entre os gaios, sem iguais,
Foi repelido a assobios
E gargalhadas gerais.

Gaios bípedes conheço
Que não são imaginários;
Usurpam alheias penas
E se chamam *plagiários*.

Mas, chíton! Não é meu fito
Apontar os impostores!
Entre os pavões são notórios
Os gaios usurpadores.

A RÃ E O RATO

Couto Guerreiro (Trad.)

Trazendo viva guerra antigamente
Rãs e ratos, houve uma tão valente,
Que tomou em um choque prisioneiro
Um rato, que era entre eles cavalheiro.

Pediu-lhe este licença em certo dia,
Para acudir a um pleito que trazia:
Concedeu-lha. Era o rato precisado
A passar um profundo rio a nado:
Deu indício de medo; a rã lhe disse
Que se prendesse a ela e que a seguisse;
Que como no nadar tinha mais arte,
O poria, sem risco, da outra parte.

     Aceitou, e de junça fabricaram
Uma boa tamiça a que se ataram;
Porém a falsa rã, que a má vontade
Encobria em finezas de amizade,
Desejava afogá-lo; e lá no meio
Puxava para baixo, e com receio
Puxava para cima o triste rato,
E faziam um grande espalhafato.
          Passava acaso uma ave de rapina;
E vendo aquela bulha, o voo inclina;
Pilha ambos pelo atilho; e a tal contenda
Acabou em fazer deles merenda.

Ninguém creia em finezas de inimigo,
Porque o ódio se oculta e não se entende;
Para haver de meter-nos em perigo.

    Sabemos que não fica sem castigo;
Porque às vezes no laço em que pretende
Ofender-me, também a si ofende:

    Se padecesse só o embusteiro,
Menos mal; porém, vou com ele atado,
E posso no penar ser o primeiro;

    Por isso nada fico aproveitado,
E talvez aproveite algum terceiro
À custa do inocente e do culpado.

O CAVALO QUE SE QUIS VINGAR DO VEADO

Barão de Paranapiacaba (Trad.)

Antigamente os cavalos
Para nós não trabalhavam.
Quando os homens primitivos
De glandes se contentavam,
O burro, o cavalo, a mula
Livres na selva erravam.

Não havia, como agora,
Arado, albardas, selins,
Cadeirinhas, carruagens,
Arnêses, grevas, fains
Nem também tantos banquetes
Casamentos e festins.

E, pois, nesses belos tempos
Certo cavalo apostou

Com um cervo, que na carreira
Muito a distância o deixou.
Para vingar-se — o vencido
Humano auxílio buscou.

O homem meteu-lhe um freio,
E saltando-lhe ao costado,
Somente lhe deu descanso,
Quando o mísero veado
Foi do cavalo à vingança,
Afinal, sacrificado.

Isso feito — eis o cavalo
Agradece ao benfeitor
E diz-lhe: "Sou todo vosso
Por tão distinto favor;
Volto à espessura selvagem,
Adeus, adeus, meu senhor!"

"— Isso é que não! (volve o homem)
Melhor aqui ficareis;
Hoje, que sei vosso preço,

Penso e leito gozareis;
Abarrotada de feno
A manjedoura tereis".

Ai! De que vale a fortuna
Se a liberdade é perdida!
Viu-se o cavalo privado
Do maior bem desta vida.
E que volta? A estrebaria
Estava já construída.

Ali terminou seus dias.
Sempre arrastando o grilhão.
Não fora melhor que houvesse
Dado à vingança de mão,
Outorgando ao pobre cervo
Da leve ofensa o perdão?

Por maior que seja o gozo,
Que da vingança provém,
Caro paga o que a consegue
Com a perda do imenso bem,
Junto ao qual todos os outros
Preço ou valia não têm.

O LOBO, A CABRA E O CABRITO

Barão de Paranapiacaba (Trad.)

A próvida cabra, saindo de casa,
    Em busca de pasto,
A encher o seu ubre que, à tarde, trazia
    Pesado e de rasto;

Dizia ao cabrito, correndo a lingueta:
      "Se alguém cá vier,
Só deves abrir-lhe, se acaso esta senha,
      Filhinho, te der:

— Má peste dê cabo do lobo e lhe extinga
      A pérfida raça!
Verás suceder-te, se não me atenderes,
      Terrível desgraça".

Ouviu-lhe as palavras um lobo, que em frente
      Da casa passou;
E logo no arquivo da pronta memória
      Fiel as guardou.

Não vista da cabra, que logo se ausenta,
      A fera voraz,
À porta dizendo metade da senha,
      A voz contrafaz.

Suspeita o cabrito, e o luzio aplicado
　　　Da porta na fenda:
"Só abro (responde) a quem alva pata
　　　Por baixo me estenda".

Sabeis que tais patas nas rodas dos lobos
　　　Estão em desuso.
Burlando o tratante, voltou como veio,
　　　Corrido e confuso.

Ai! Pobre cabrito, se à senha atendesse,
　　　Que o lobo lhe deu!

Dobrai de cautela; por mui precavido
　　　Ninguém se perdeu.

Aviso de Sócrates

Curvo Semedo (Trad.)

Sócrates fez umas casas
De Atenas em certa rua,
Para nelas habitar
Com a pouca família sua.

Que eram baixas uns diziam,
E outros bastante elevadas,
E em suma convinham todos
Em que eram muito apertadas.

"São apertadas, é certo, —
Disse o sábio; — mas eu sei

Que de amigos verdadeiros
Cheias jamais as verei".

É mais raro do que a Fênix
Um amigo verdadeiro:
Não há nome tão sagrado,
Que seja mais corriqueiro.

O VELHO E OS FILHOS

Filinto Elísio (Trad.)

Fraco é todo o poder, se união falece.
Ouvi sobre esse ponto a Frígio escravo.
Se à ideia dele algum feitio ajunto,
   Não é por certo inveja;

Dessa ambição nunca hei sentido assomos.
   Só quero dar retrato
   Do que é nosso costume.
Por se dar ufania, a miúdo Fedro
Carga o invite. De meu modesto engenho
   Tais gabos desdiriam.

   Comecemos a fábula
   (Melhor dissera história)
Do homem que, unidos, quis seus filhos.
Perto de ir, onde a morte o chama, um velho:
"Caros filhos, quebrai-me nesse lio
Esses dardos. Direi depois o senso,
Que aí se encerra". Toma-os o mais velho,
Empenha a força, e diz largando-os:
— *Quem mais que eu possa os rompa.*
   Eis que o segundo
Se atira ao feixe, e pondo-se em desplante,
Forceja em vão. Põe peito à empresa o último.
Tempo perdido! O lio fica inteiro,
Dos dardos juntos nem um só estala.
"Fracos sois. Vede em mim quanto me ajudam
Poucas forças, e o como desempenho."
   Cuidavam que zombava;
   Sorriam, — que ignorantes!
Separa o velho os dardos, quebra-os todos.
"Vedes quanto a concórdia vale? Meus filhos,
Oh, sede sempre unidos; laço amante
Vos prende". Enquanto o mal lhe deixou vida
   Não tomou outro assunto.

Vendo enfim perto o termo de seus dias:
"Vou ter com nossos pais. Adeus, meus filhos;
De viver como irmãos heis prometer-me:

Concedei essa graça a um pai que morre."
Cada um dos filhos três, chorando, o jura
Nas mãos do pai, que em pouco morre.
Os filhos acham mui grossa herança,
Mas apinhada de embaraço infindo:
    Um credor faz penhoras,
    Arma um vizinho pleitos...
Do primeiro os meus três deslindam tudo;
    Mas curto, quanto raro
    Foi esse amor fraterno:
Os nós, que o sangue dera
    Desdeu-lhes o interesse.
A inveja coa ambição, votos, consultas
Entraram de rondão pelas partilhas.
    Já se altercam debates,
    Vêm depois as trapaças.

Passa o juiz sentenças
Contra este, contra aquele:
Um vizinho, um credor renova pleito,
Esse por erro, aquele por defeito.
Os irmãos desunidos,
No parecer discordes,
Um quer-se conchavar, outro recusa...
Perderam quanto tinham,
Querendo, mas quão tarde!
Proveitar-se dos dardos, ora unidos,
Ora à parte singelos.

O AVARENTO QUE PERDEU O TESOURO

Barão de Paranapiacaba (Trad.)

Se a posse consiste somente no gozo,
Ó vós que nos cofres dinheiro guardais,
Dizei que vantagens gozais sobre a Terra,
Que sejam vedadas aos outros mortais?

Diógenes no outro mundo
É mais rico de que vós,
Que neste, como o Sinópio,
Lidais em miséria atroz.

O rico de Esopo, que esconde o tesouro,
Exemplo no assunto nos pode prestar;
O triste supunha segunda existência
E nela esperava seus bens desfrutar.

Não possuía seu ouro;
O ouro é que o possuía.

Tinha ao solo confiado
Considerável maquia.

Só tinha por fito, prazer e recreio
Pensar, dia e noite, na soma enterrada.
E assim ruminando, só viu na riqueza
Relíquia, a si próprio defesa e vedada.

Indo, voltando, correndo,
Trazia sempre o sentido
No lugar, em que deixara
O seu tesouro escondido.

Mas dando mil voltas em torno do sítio,
Um dia foi visto por certo coveiro,
Que assim surpreendendo do fona o segredo,
No chão cavoucando, roubou-lhe o dinheiro.

> Nosso avaro em certo dia
> Vazia a cova encontrou;
> Gemeu, suspirou, carpiu-se
> E em pranto se debulhou.

Um, que passa, pergunta o motivo
Dessa grita. O avarento responde:
"— Ai! Roubaram meu rico tesouro!"
"— Um tesouro roubado! Mas donde?"

AVARENTO

"Era junto desta pedra."

TRANSEUNTE

"Por que escondê-lo na terra?
Por que trazê-lo tão longe,
Não sendo tempo de guerra?

Não era mais fácil guardá-lo no armário,
Num canto seguro de vosso aposento?
Assim poderíeis à mão conservá-lo,
Tirando-o em parcelas a cada momento."

AVARENTO

"A cada momento! Oh deuses!
Que temerária asserção!

Vem, como vai, o dinheiro?
Eu nunca lhe ponho a mão."

"Se assim sucedia (replica o sujeito)
Dizei-me, eu vos peço, por que vos carpis?
Se nunca tocáveis naquele dinheiro,
Não sei em que a perda vos torne infeliz.

    Ponde uma pedra na cova
    Que vos guardava o tesouro;
    Será para vós o mesmo
    Que um montão de prata ou ouro."

O OLHO DO DONO

Barão de Paranapiacaba (Trad.)

Em um curral de vacas
Abriga-se um veado
"Buscai melhor asilo",
Diz-lhe o bovino gado.

"Filhos (responde o cervo).
Não me denuncieis;
Eu sei de férteis pastos,
Onde vos fartareis.

Bem pode aproveitar-vos
Um dia esse serviço.
Valei-me; e nunca, eu juro,
Haveis pesar-vos disso".

A todo o transe as vacas
Prometem-lhe segredo;
Some-se a um canto o cervo,
Respira, espanca o medo.

À tarde, qual costumam
Fazer em cada dia,
Forragem, erva fresca
Trazem à estrebaria.

Os servos dão cem voltas;
Não param no vaivém;
Girando em grande lida
Anda o feitor também.

E por um raro acaso
Nenhum feitor ou servo
Deu fé dos altos galhos,
Nem viu sinal do cervo.

O filho das florestas
Agradecendo aos bois,
Dizia: "Estou com vida
Porque discretos sois".

Espera pôr-se ao fresco
Na crástina manhã.
Na hora em que saírem
De Ceres para o afã.

"Vais bem por ora (disse
Um boi a ruminar);
Mas o homem de cem olhos
Não veio inda rondar.

Muito por ti receio
Essa visita, amigo;
Té lá não te suponhas
A salvo de perigo".

E nisto vinha o dono
Fazer sua inspeção.
"Acrescentai (diz ele)
Das vacas a ração.

Enchei as manjedouras;
A palha renovai;
Melhor desde hoje em dia
Do gado meu tratai.

Que custa pôr em ordem
Os jugos e as coleiras,
E destes aranhiços
Limpar as cumeeiras?!"

Olhando para tudo,
Avista de repente
Uma cabeça nova,
Das outras diferente;

O cervo é descoberto
E, a chuço perseguido,
De numerosos golpes
Por terra cai ferido.

As lágrimas não podem
Do triste fim salvá-lo.
Os servos o esquartejam
E logo vão salgá-lo.

Depois de preparado,
Figura num bufete
Como iguaria, própria
De opíparo banquete.

Fedro tratou desse assunto
Nestas frases elegantes:
"Olhares como o do dono
Outros não há vigilantes".
Só lhes ponho em paralelo
Os olhares dos amantes.

Livro V

O lenhador e Mercúrio

Barão de Paranapiacaba (Trad.)

ao cavalheiro de Bouillon

Vosso gosto, senhor cavalheiro,
A este livro de norma serviu;
Meu desvelo em ganhar-vos o voto
A vitória, por fim, conseguiu.

Não quereis vãos ornatos no estilo,
Grande apuro, excessivo limar;
Eu também; não me aprazem requintes:
Muito esmero não pode agradar.

Tudo estraga o poeta, se emprega
Em seus versos cuidado demais;
Não dispenso, porém, certos lances,
Que aprecio e vós mesmo prezais.

Quanto ao alvo, que Esopo fitara,
Menos mal tenho-o sempre atingido;
Se não logro instruir, deleitando,
Valha o pouco por mim conseguido.

Eu, que nunca me dei por valente,
Se não zurzo deveras o vício
Com a clava de Alcides, — ao menos,
Do ridículo o jogo ao flagício.

Nisso só apurei meu engenho;
Sé é bastante o que fiz, não no sei;
Quantos quadros de torpes defeitos
Com pincel verdadeiro esbocei!

Uma vez era a estulta vaidade,
De mãos dadas com a inveja aborrida;
— Duas molas reais em que volve,
Pelos tempos que vão, nossa vida.

Essas pechas, que a gente degradam
Figurei no mesquinho animal,
Que, na altura e no grande tamanho,
Quis de um boi arvorar-se em rival.

Pus, às vezes, em dúplice imagem,
As virtudes dos vícios em face;
— O bom senso ante a fofa estultícia,
O cordeiro ante o lobo rapace;

Acheguei a formiga da mosca;
Sendo assim convertido o meu verso
Em comédia, que encerra cem atos,
E que tem por cenário o universo.

Fazem nela homens, deuses e brutos
O papel que a verdade requer;
Jove até nos desfila ante os olhos,
Fala em cena como outro qualquer.

Trato agora do filho de Maia
Que do céu traz recados às belas;
Mas vem hoje em caráter mais sério;
Não é caso de tais bagatelas.

Um mateiro perdera o machado,
Que lhe dava a ganhar o seu pão.
Seus queixumes, que d'alma nasciam,
Excitavam geral compaixão.

Seu machado! Era tudo o que tinha;
Nem dispunha de mais ferramenta.
Não sabendo onde pôr a esperança,
Deste modo, a chorar, se lamenta:

"Meu machado, meu pobre machado!
Dá-me, Jove, o machado, outra vez!
Eu direi que foi mais um milagre,
Que a bondade celeste me fez".

Nas olímpicas moradas
Foi ouvido este clamor.
"Conheces bem teu machado?
(Diz Mercúrio ao lenhador).

Não está perdido e creio
Tê-lo aqui perto encontrado."
E, isto dizendo, mostrou-lhe
De ouro luzente um machado.

"Não é este." — Outro, de prata,
Mercúrio lhe apresentou.
"É outro; não quero o alheio!"
(O lenhador exclamou).

Afinal, um de madeira
O nume lhe ofereceu.
"Este mesmo é que eu perdera;
Este agora, sim, é meu!"

MERCÚRIO

"A boa-fé que mostraste,
Galardão merece ter;
Todos estes três machados
Ficarão em teu poder."

"Aceito (volve o inateiro);
Mil vezes agradecido."
Foi o caso, em poucos dias,
Nos arredores sabido.

Eram sem conta os lenheiros,
Que a ferramenta perdiam;

E aos céus, lha restituíssem,
Em altos brados pediam.

Não sabendo o rei dos deuses
A qual deles acudir,
Mandou, de novo, Mercúrio
Tantos reclamos ouvir.

Mostrando o machado de ouro:
"É meu!" cada qual lhe disse.
Responder doutra maneira
Julgam chapada tolice.

Mercúrio a tais embusteiros
Não faz do machado entrega;
Mas com ele um grande golpe
Na fronte lhes descarrega.

Abandonando a impostura,
E a vil mentira também,
Cada um no mundo viva,
Satisfeito do que tem.

Há quem busque pela fraude
Usurpar os bens alheios;
Embalde; a Deus não se ilude
Por esse ou por outros meios.

O PEIXINHO E O PESCADOR

Barão de Paranapiacaba (Trad.)

O peixinho há de ser peixe,
Se vida o céu lhe outorgar;
Mas quem o solta esperando
Que às mãos lhe torne a voltar,
É louco; que é muito incerto
Podê-lo outra vez pescar.

Pescando certo sujeito
Nas águas de uma ribeira,
E pilhando um barbozito,
Disse-lhe desta maneira:
"Tudo faz número e conta,
Tudo serve à frigideira.

Vai para o cesto, manjuba,
Que és princípio de um festim."
Mas o peixinho, a seu modo,
Ao pescador fala assim:
"Dizei, senhor, eu vos peço,
Que podeis fazer de mim?

Mal chegará meu corpinho
A formar meio bocado,
Esperai que eu fique barbo,
Serei por vós repescado,
E por um rico banqueiro
Bem caro talvez comprado.

É necessário apanhardes
Um cento de iguais peixinhos

Para com eles encherdes
Um prato dos mais mesquinhos,
Que há de ser entre os convivas
Repartido aos bocadinhos."

"Sim, amigo? Isso é verdade?
(Redarguiu-lhe o pescador),
Pois ireis à frigideira,
Meu peixinho pregador,
Hei de comer-vos à ceia,
Preparado a meu sabor."

Um "Toma" vale no mundo
Mais do que "Dois te darei".
O "Toma" é sempre seguro,
Quanto ao segundo... não sei.

AS ORELHAS DA LEBRE

Curvo Semedo (Trad.)

Conta-se que em noite escura
Certo animal cornifronte
Pôde ferir à traição,
Junto da encosta de um monte,
O rei das feras leão;

Que em despique mandou logo
Banir por ordens legais,
Para horror de tal delito,
Os bicornes animais
De todo aquele distrito:

Bois, veados, cabras, todos
Que na fronte armas traziam,
Aqueles sítios deixavam;
E os que logo o não faziam,
Dura morte suportavam!

Notando tímida lebre
Cumprirem-se leis tão cruas,
Na sombra um dia observando
As longas orelhas suas,
Disse a um grilo titubeando:

"Ai! Que estas minhas orelhas
Por chifres se tomarão!
E, se houver um delator
Que o vá dizer ao leão,
Da lei me exponho ao rigor!"

"— Tu fazer de mim pateta?
Fala, tola; pois é crível,
Lhe disse o grilo em bom ar,
Que um par de orelhas flexível
Possa por chifres passar?"

"— Sim, disse ela; e por que não?
Tenho-os visto mais pequenos".
Tornou-lhe o grilo: "Vaidosa!
Se os teus fumos fossem menos,
Serias mais venturosa,

Quem és conhece, e descansa;
Porque sempre que supomos,
Pela vaidade que temos,
Ser aquilo que não somos,
Mil incômodos sofremos".

O CAVALO E O LOBO

Curvo Semedo (Trad.)

Na linda estação das flores,
Às horas do meio-dia;
Brioso, esperto cavalo
A verde relva pascia.

Dum bosque vizinho um lobo
Botando-lhe o luzio, diz:
"Quem te comer essas carnes
É por extremo feliz!

Ah! Que se foras carneiro,
Ou mesmo burro, ou vitela,
Já marchando me andarias
Pelo estreito da goela;

Mas és um castelo! E assaz
Temo a tua artilharia!
Vou bloquear-te, e do engano
Fazer fogo à bateria".

Então do bosque saindo
Em passo lento e miúdo,
De largo diz ao cavalo:
"Camarada, eu te saúdo;

Respeita em mim um Galeno,
Que passa a vida a curar,
Que das ervas as virtudes
Sabe aos morbos aplicar;

Aposto que tens moléstias,
E porque na cura erraram,
Tomar ares para o campo,
Como é uso, te mandaram.

Se quiseres que eu te cure,
Ficarás são como um pero;
Grátis, que bem entendido,
Paga de amigos não quero".

O cavalo conhecendo
A malícia do impostor,
Diz-lhe: "O céu lhe pague o bem
Que me faz, senhor doutor;

É verdade que eu padeço.
Há nove dias ou dez,
Um tumor e uma ferida,
Tudo nas unhas dos pés".

"— Bem que essa doença toque
À cirurgia somente, —
Diz o lobo, — eu nesse ramo
Sou um prático eminente!"

Torna-lhe o fingido enfermo:
"Pois então, senhor doutor,
Chegue-se a mim, que eu me volto,
Venha apalpar-me o tumor".

"Pois não, filho! Diz-lhe o lobo".
E a fim de o filar se chega;
Mas, de repente, o cavalo
Dois grandes coices lhe prega:

Acerta-lhe pela frente,
Faz-lhe o focinho num bolo;
E o lobo exclama: "É bem feito!
Quem me manda a mim ser tolo?"

Mete pernas como pode,
Dizendo um tanto enfadado:
"Como a breca as arma! — fui
Buscar lã; vim tosquiado!

De carniceiro a ervanário
Quis passar sem que estudasse;
Levei da toleima o prêmio;
Cada qual para o que nasce!"

Os médicos

Curvo Semedo (Trad.)

Certo médico chamado,
De alcunha, o Tanto-melhor,
Foi visitar um doente,
Do qual o Tanto-pior
Era médico assistente.

O último, sempre funesto,
Que o doente morreria
Altamente sustentava,
E o Tanto-melhor dizia
Que o pobre enfermo escapava.

Houve sobre o curativo
Mui grande contestação;
Um aplicava calmantes,

Outro armava uma questão
Em favor dos irritantes.

No fim de tanto debate,
O enfermo a vida perdeu,
E o Tanto-pior clamou:
"Vejam qual de nós venceu!
Se o meu cálculo falhou".

Tornou-lhe o Tanto-melhor,
Mostrando um vivo pesar:
"Pois eu, sempre afirmarei
Que morreu por não tomar
Os remédios que indiquei".

E quanto a mim, se os tomasse,
Morrer havia igualmente;
Mas é desgraça maior
Cair um pobre doente
Nas mãos dum Tanto-pior.

O BURRO E AS RELÍQUIAS

Barão de Paranapiacaba (Trad.)

Um burro, de relíquias carregado,
    Supunha-se adorado.
Hinos, intensos como seus tomava
    E soberbo marchava.
Alguém, que dera fé dessa tolice,
    "Mestre burro (lhe disse),
Do espírito bani, por piedade,
Tão estulta vaidade.

Ao santo e não à vossa personagem
Dirige-se a homenagem;
Só das relíquias se dispensa à glória
Essa jaculatória".

De juiz, que não sabe ou não estuda
A toga se saúda.

O VEADO E A VINHA

Barão de Paranapiacaba (Trad.)

Certo dia um veado,
Tendo à morte escapado,
Livre ficando e a salvo de perigo,
Graças ao pronto abrigo
De uma videira de elevadas cimas,
Como as que dão somente em certos climas,
Julgou finda a caçada,
Por chamarem os cães à retirada,
Só à matilha ouvindo atribuir
O terem-no deixado escapulir.
Liberto já do susto,
Pôs-se a roer o arbusto,
A vinha benfeitora,
Que amparo, couto e salvação lhe fora.
Extrema ingratidão,
Própria de um mal formado coração!
Ouvindo-o mastigar, volta a matilha;
Segue a indicada trilha,
Expele-o do esconderijo de folhagem,
E talhando carnagem,
Com afilados dentes o trucida.
Perde o veado a vida,
No mesmo sítio; e em transes de agonia:
"Bem mereci (dizia)
A morte. Foi justiça rigorosa.
Que lição proveitosa
Para os ingratos meu castigo encerra!"
E baqueou por terra.
Estraçalham-no os cães num só momento,
E perde-se nos ares o lamento,

Que na hora da morte
Dirige contra a sorte,
E contra os caçadores, que, aos gemidos,
Vêm ao sítio atraídos.

Eis o fiel retrato
De quem perverso, ingrato,
O teto hospitaleiro profanou,
Que asilo lhe prestou.

A LEBRE E A PERDIZ

Barão de Paranapiacaba (Trad.)

Dos miseráveis
Nunca zombeis.
Quem diz que sempre
Feliz sereis?

Mais de um exemplo
Do sábio Esopo
Conspira em prova
Do nosso escopo.

O que em meus versos
Agora cito
Foi noutros termos
Por ele escrito.

Tinham num campo
Lebre e perdiz
(Ao que parece)
Vida feliz.

Uns cães se achegam
Do lar tranquilo;
Vai longe a lebre
Buscando asilo.

Perde-lhe o rasto
Toda a matilha,
E nem Lindoia
Lhe dá na trilha.

De quente corpo
A emanação
Ao faro a indica
De um fino cão.

Filosofando,
Nelusco arteiro,
Conhece a lebre
Só pelo cheiro.

No encalço aperta
Da fugitiva;
Não quer que a presa
Lhe escape viva.

"A caça foi-se
(Diz Carabi);
Acreditai-me;
Nunca menti."

Cansada, a lebre
Fugiu, correndo;
E ao pé da furna
Caiu, morrendo.

Diz, por motejo,
A companheira:
"Pois não campavas
De ser ligeira!

Teus pés velozes
Pra que prestaram
Se dos molossos
Te não livraram?"

Enquanto zomba
Da desgraçada,
Dá-lhe a matilha
Rude assaltada.

Fia das asas
O salvamento.
Louca esperança!
Vão pensamento!

Do açor as garras,
Mísera, esquece!
Mal ergue o voo,
Nelas perece.

O URSO E OS DOIS CAMARADAS

Barão de Paranapiacaba (Trad.)

Dois camaradas que tinham
Grande urgência de dinheiro,
Venderam de um urso a pele
Ao vizinho peleteiro.

O urso inda estava vivo;
Mas eles o matariam.
Os dois sócios, pelo menos,
Com segurança o diziam.

Sendo aquele o rei dos ursos,
Afirmam, sem hesitar,
Que da pele um grande lucro
Ia o peleiro tirar.

Preservaria, no inverno,
Do vento mais desabrido,
Dando à farta para o forro
De mais um amplo vestido.

Com tal urso (em seu conceito)
Nenhum corria parelhas;
Tanto não encarecia
Dindenaut suas ovelhas.

Pelas contas que lançaram
(Não pelas contas da fera)
Pediram para entregá-la
Dois dias, não mais, de espera.

Justo o preço, desencovam
O animal, que sai trotando.
Como feridos de um raio,
Eis os dois titubeando.

Em frente ao fero inimigo
O terror n'alma lhes lavra.
Nem mais se lembram do ajuste;
Sobre lucros nem palavra.

Um dos dois que evita o monstro,
Ligeiro se põe ao fresco,
Trepando ao cimo elevado
De um carvalho gigantesco.

Outro, mais frio que o mármor,
De bruços se atira ao chão;
Faz-se morto, suprimindo
De todo a respiração.

Ouvira dizer algures
Que o urso pra o lado atira
Corpo, que julga sem vida,
Que não se move ou respira.

O urso como um patinho
Cai no logro em continente;
Julga morto aquele corpo,
Que ali depara jazente.

Vira-o, revira-o, inquirindo
O que na verdade seja,
E chegando-lhe o focinho
Do bafo o sítio fareja.

"É cadáver; tem mau cheiro;
Pedindo está sepultura."
Assim falando se entranha
Pela vizinha espessura.

Desce o outro do carvalho,
E a seu companheiro diz:
"Em livrar-vos só com o susto
Amigo, fostes feliz.

Ora, pois, dizei-me agora:
Que é da pele do animal?

Que vos disse ele no ouvido
No seu vasconço brutal?

Eu notei que o sacripante
De mui perto vos falava
Enquanto com as duras garras
Vos virava e revirava".

O OUTRO CAMARADA

"Dizia que não devemos
De um urso a pele vender
Antes de o vermos em terra
Vencido e morto jazer".

O BURRO VESTIDO COM A PELE DO LEÃO

Curvo Semedo (Trad.)

Quebrando a peia,
Fofo sendeiro
Fugiu ao dono,
Que era moleiro;
Dentro de um bosque,
O fanfarrão
Achou a pele
D'alto leão;
Em toda a parte
Dela vestido,
Por leão fero
Era temido;

Homens e brutos
O respeitavam.
Fugiam logo
Que o divisavam:
Mas das orelhas
Uma pontinha
De fora ao burro
Ficado tinha;
Foi vista acaso
Pelo moleiro,
Que julgou logo
Ser o sendeiro;
Indo-lhe ao lombo
Com um cajado,
Puniu o arrojo
Do mascarado;

Do tolo rindo,
Despiu-lhe a pele,
Pôs-lhe uma albarda
E montou nele.
Tal entre os homens
Mil se conhecem,
Os quais são uns,
E outros parecem.
Despem-lhe a pele
Que os faz troantes,
Ficam sendeiros
Como eram dantes.

Livro VI

Febo e Bóreas

Barão de Paranapiacaba (Trad.)

Viram Bóreas e o Sol, um viandante
Que contra o tempo mau se precatara;
Azada precaução! De poucos dias
    O outono começara.

Chove, faz sol; a charpa do arco-íris
Avisava aos que andavam pela estrada,
Que em meses tais é de uso indispensável
    Um capote em jornada.

Foram por tal motivo entre os latinos
Conhecidos por meses duvidosos.
O viandante, que aguardava ao certo
    Chuveiros copiosos,

Envergava um capote, bem forrado
De fazenda encorpada e consistente.
Diz o vento: "Este julga estar a salvo
    De qualquer acidente;

Mas não previu que eu posso ao seu trabalho
Presilhas e botões arrebentar-lhe.
Ora, pois, se eu quiser vou ao diabo
    O capote atirar-lhe.

Quereis vê-lo? Há de ser coisa engraçada!"
"Pois bem! Façamos a seguinte aposta:
Serei eu quem da capa o desguarneça
    (Diz-lhe Febo em resposta);

Escusa esperdiçar tanta palavra;
Podeis em nuvens esperdiçar meus raios;
Vamos, amigo, arremetei à empresa.
    Começai os ensaios".

Não foi preciso mais. Bóreas, inchando,
Qual balão, de vapores saturado,
Faz barulho infernal; de insana fúria
    Parece dominado.

Silva, sopra, esbraveja, arrasa prédios,
Submerge embarcações, nivela combros,
Tudo para arrancar um vil capote
      De um viandante aos ombros.

Cerrando a capa o viandante ao corpo,
Vedou que o vento nela se engolfasse;
E Bóreas nada fez; perdeu seu tempo,
      Por forte que soprasse.

Quanto mais tenta bolear a capa,
Mais firme se mantém o cavaleiro;
Dá-lhe na gola, agita-o pelas dobras,
      Jorrando-lhe aguaceiro.

Vence-se o prazo; o sol, rompendo as nuvens,
Dardeja sobre a terra a luz brilhante;
Ao princípio conforta, após aflige
      O nosso viandante.

Ei-lo quando sob o seu capote,
Que é forçado a tirar; e todavia,
Não empregara o sol toda a pujança,
      Que mostrar poderia.

Brandura unida à prudência
Podem mais que violência.

O GALO NOVO, O GATO E O MURGANHO

Barão de Paranapiacaba (Trad.)

Ratinho muito novo,
Bisonho, imprevidente,
Salvou-se, por milagre,
De um trágico incidente.

Ouvi de que maneira
À sua mãe contou
O que lhe acontecera,
Enquanto fora andou:

"Tendo transposto os montes,
Que são do Estado a raia,
Trotava, qual ratinho,
Que vai, solto, à gandaia.

Eis que meus olhos fitam
Dois animais notáveis;
Um, gracioso e meigo,
De gestos agradáveis;

O outro, turbulento,
Nunca em sossego estava;
Tinha uma voz ingrata,
Que pelo ouvido entrava.

Carnosa saliência
Na fronte lhe tremia;
Uns como braços largos
Aos lados sacudia:

Parece, quando os move,
Que o voo erguer intenta.
Em forma de penacho
Vaidoso a cauda ostenta.

(Crendo de um bicho estranho
Fazer este retrato,
Era de um galo novo
Que à mãe falava o rato).

Batia nas ilhargas
Cos braços tal pancada,
Fazendo grande bulha
E tanta matinada,

Que eu mesmo (Deus louvado!)
Campando de animoso,
Fugi, a praguejá-lo,
Atônito e medroso.

Teria, a não ser ele,
Entrado em relações
Co tal animalzinho,
Tão doce de feições.

De aveludado pêlo,
Como os de nossa casta,
É todo mosquetado
E longa cauda arrasta.

Parece que nos vota
Simpática ternura,
Pois tem, iguais às nossas,
Orelhas e figura.

Mostra aparência humilde;
Modesto é seu olhar,
Posto que o visse, às vezes,
Em chispas cintilar.

Ia travar conversa;
Eis solta o batedor
 Tão estridente grito,
Que fujo de pavor".

"Escuta, diz a rata;
O tal açucarado
É, meu filhinho, um gato,
Hipócrita chapado.

Sob enganoso aspecto
Ódio mortal disfarça
A toda a gente rata,
Por esse mundo esparsa.

Desse, de quem fugiste
Não pode mal provir.
Talvez seu corpo venha
De ceia a nos servir.

Das refeições do outro,
— O pérfido animal —
É nossa carne, ó filho,
A peça principal."

Que vezes aparências
Enganadoras são!
Não julgues pela cara;
Sim pelo coração.

O RAPOSO, O MACACO E OS ANIMAIS

Barão de Paranapiacaba (Trad.)

Falecendo o rei dos bichos,
Que era um célebre leão,
Reúnem-se os seus vassalos
Para uma nova eleição.

Tiram do estojo a coroa,
Que um dragão guardado havia
Por todos experimentada,
A nenhum deles servia;

Era grande para muitos;
Para alguns pequena fica,
E nos que têm fronte armada
Sobre os chavelhos embica.

Rindo e fazendo caretas
Também o mono ensaiou,
E cortejando-a, — mil sortes,
Mil momices praticou;

Como por arco de circo
Por dentro dela pulando,
Foi do povo circunstante
Aplausos angariando.

E tanto disso gostaram,
Que o macaco foi eleito;
E a maioria dos bichos
Acudiu a dar-lhe preito.

Pesou somente ao raposo
O voto que havia dado;
Mas esse arrependimento
Ficou no peito guardado.

Prestada sua homenagem,
O matreiro diz ao rei:
"Há, senhor, dinheiro oculto
Em sítio, que vos direi.

Pertence ao rei, por direito,
Todo o tesouro escondido".
E, revelando o segredo,
Fala ao macaco no ouvido.

O novo rei que o dinheiro
Ambicioso almejava,
Foi ao lugar, em pessoa,
Pois de ninguém confiava.

Cai num laço; e do raposo
Ouve em nome dos vassalos:
"Se não sabes governar-te,
Como queres governá-los?"

Foi demitido o macaco
E demonstrado também
Que a muito poucas pessoas
O diadema convém.

A LEBRE E A TARTARUGA

Curvo Semedo (Trad.)

"Apostemos, disse à lebre
A tartaruga matreira,
Que eu chego primeiro ao alvo
Do que tu, que és tão ligeira!"

Dado o sinal de partida,
Estando as duas a par,
A tartaruga começa
Lentamente a caminhar.

A lebre, tendo vergonha
De correr diante dela,
Tratando um tal vitória
De peta ou de bagatela,

Deita-se, e dorme o seu pouco;
Ergue-se, e põe-se a observar
De que parte corre o vento,
E depois entra a pastar;

Eis deita uma vista d'olhos
Sobre a caminhante sorna,
Inda a vê longe da meta,
E a pastar de novo torna.

Olha; e depois que a vê perto,
Começa a sua carreira;
Mas então apressa os passos
A tartaruga matreira.

À meta chega primeiro,
Apanha o prêmio apressada,
Pregando à lebre vencida
Uma grande surriada.

Não basta só haver posses
Para obter o que intentamos;
É preciso pôr-lhe os meios,
Quando não, atrás ficamos.

O contendor não desprezes
Por fraco, se te investir;
Porque um anão acordado
Mata um gigante a dormir.

O BURRO E OS DONOS

Curvo Semedo (Trad.)

O burro de um hortelão
À sorte se lamentava,
Dizendo que madrugava,
Fosse qual fosse a estação,
Primeiro que os resplendores
Do sol trouxessem o dia.
"Os galos madrugadores, —
O néscio burro dizia, —
Mais cedo não abrem olho.
E por quê? Por ir à praça
Com uma carga de repolho,
Um feixe de aipo, ou labaça,
Alguns nabos, berinjelas;
E por estas bagatelas
Me fazem perder o sono".
A Sorte ouviu seu clamor,
E deu-lhe, em breve, outro dono,
Que era um rico surrador.
Eis de couros carregado,
Sofrendo um cruel fedor.
Já carpia ter deixado
O seu antigo senhor:
"Naquele tempo dourado, —
Dizia, — andava eu contente;
Cada vez que ia ao mercado,
Botava à cangalha o dente,
Lá vinha a couve, a nabiça,
A chicarola, o folhado,
E outras castas de hortaliça;
Mas, se hoje, fraco do peito,

O meu dente à carga deito,
Em vez da viçosa rama
Da celga, do grelo, ou nabo,
Só acho dura courama
Que fede mais que o diabo!"
Prestando às queixas do burro
A Sorte alguma atenção,
Lhe deu por novo patrão
Um carvoeiro casmurro.
Entrou em nova aflição
O desgostoso jumento.
Vendo faltar-lhe o sustento,
E em negro pó de carvão
Andando sempre afogado,
Tornou a carpir seu fado.
"Que tal! — diz a Sorte em fúria,
Este maldito sendeiro,
Com sua eterna lamúria,
Mais me cansa, mais me aflige
Que um avaro aventureiro,
Quando fortunas me exige!
Pensa acaso este imprudente
Que só ele é desgraçado?
Por esse mundo espalhado
Não vê tanto descontente?

Já me cansa este marmanjo!
Quer que eu me ocupe somente
Em cuidar no seu arranjo?"
Foi justo da Sorte o enfado,
Que é propensão do vivente
Lamentar-se do presente,
E chorar pelo passado:
Que ninguém vive contente,
Seja qual for seu estado.

O CÃO QUE PELA SOMBRA LARGA A PRESA

Couto Guerreiro (Trad.)

Um cão passando ia um rio a nado,
E levava de carne um bom bocado;
Via n'água a sua sombra, e, presumindo
Que era outro cão, que dele ia fugindo,
E que presa maior inda levava,
Com fim de lha tirar se arreganhava.

Naquele abrir de boca lhe caía
A carne, e nem mais sombras dela via.

O CARRETEIRO ATOLADO

Curvo Semedo (Trad.)

Por caminho apaulado,
Mui barrento e mal gradado,
O seu carro conduzia,
    Que trazia
De erva e feno carregado,
Inesperto carreteiro:
Por incúria o desgraçado
Num grandíssimo atoleiro
Enterrar deixou seu gado:
Era longe o povoado,
E não vinha caminheiro
Qu'o ajudasse e lhe acudisse:
De aflição desesperado,
    Se maldisse!

E exclamou todo inflamado:
"Vem, ó Hércules sagrado,
Acudir-me pressuroso;
Pois que já sobre o costado
Sustentaste o céu formoso,
O teu braço vigoroso
    Se me acode,
Este carro tirar pode
    Do atoleiro".
Deste modo se carpia
    O carreiro,
Quando ouviu uma voz forte,
Que não longe lhe dizia
Desta sorte:
"Se quiseres que te valha,
Mandrião, lida, trabalha,
Examina de onde vem
Esse estorvo que te encalha,
Ou detém:
Salta cima desse carro,
E, tirando-lhe um fueiro,
De redor lhe arreda o barro;
Bota pedras no atoleiro,
Calça as rodas, e depois
Põe-te à frente, e pica os bois".

Tudo fez o carreteiro
Que lhe tinham ensinado;
E ficou muito pasmado,
Quando viu surdir avante
O seu carro do lameiro:
"É milagre, exclamou logo,
Ouviu Hércules prestante
O meu rogo,

E evitou-me o precipício!"
Acabando
De falar apenas ia,
Outra voz, em tom mais brando,
Lhe dizia:
"Confiar na Providência
Para obter o que intentamos,
Sem que os meios lhe ponhamos,
É demência.
Nada obtém quem não procura;
Que foi sempre a diligência
Mãe da sólida ventura".

A VIUVINHA

Jaime de Séguier (Trad.)

Não é sem soluçar que se perde um marido:
Mas tudo tem um fim, mesmo um grande alarido,
E a que mais chorincou e mostrou mais pesar
Acaba por calar-se e por se consolar.
Apaga o tempo a dor e reaviva a alegria,
Que querem? Não fui eu que fiz o bicho humano.
Entre a viúva de um só ano,
    E a viúva de um só dia,
A diferença é tal, que se diria
Não ser decerto a mesma e haver por força engano.
Enquanto uma sorri e nos encanta e atrai,
A outra, derramando um pranto amargo em chuva,
Solta, de quando em quando, a mesma nota: um ai!
O que faz exclamar a quem passando vai:
    "Eis uma inconsolável viúva!"
Sim? Pois não fosse! Ora escutai:

Para o negro país donde ninguém voltou,
De uma esposa gentil o esposo ia partir.
Clamava ao lado a esposa: "Espere! Eu também vou!
Ó! leva-me contigo: eu quero-te seguir!"
O marido partiu, mas sozinho. Pudera!
Seguiu-se a usada dor sincera ou não sincera.
A bela tinha um pai, homem fino e prudente,
Que foi deixando escoar toda aquela torrente,

E que um dia observou: "Ó menina, eu suponho
Que isto afinal é já choro demasiado.
O pranto estraga a pele e fica-se medonho:
    Eu sempre te pergunto,
    De que serve ao finado
    Essa dor excessiva?
Inda por cá no mundo há muita gente viva,
Deixemos em sossego o pobre do defunto.
Eu não pretendo já que troques os teus goivos
Pelas galas joviais e floridas dos noivos.
Mas enfim se eu vier, dum certo prazo ao fim,
Propor-te, minha cara, em guisa de conforto,
Que aceites como esposo e concedas o *sim*
A um gentil rapaz, apessoado, enfim
Muito melhor que o morto...
— Não quero, atalhou ela, alívio ao meu tormento!
Só por esposo aceito o claustro de um convento!"
Que havia a responder? Nada. Foi o que fez
O nosso velho astuto.
Assim se foi passando um mês. No outro mês,
Já se pensou um pouco em guarnecer o luto.
Cada dia se nota uma nova mudança
Na forma do vestido ou na do penteado.
Já se ri, já se brinca e se joga e se dança.
Deitou-se para trás das costas o passado.

O pai, já não receando o tal que se finou,
Não pensa mais no resto ou se faz esquecido,
Quando a filha lhe diz: "Ó papá: e o marido?
— Hein! Qual marido? — O tal, em que o papá falou?"

Livro VII

OS ANIMAIS ENFERMOS DA PESTE

Machado de Assis (Trad.)

Mal que espalha o terror, e que a ira celeste
    Inventou para castigar
Os pecados do mundo; a peste, em suma, a peste;
Capaz de abastecer o Aqueronte num dia,
    Veio entre os animais lavrar;
    E se nem tudo sucumbia,
    Certo é que tudo adoecia.

Já nenhum, por dar vida ao moribundo alento,
   Catava mais nenhum sustento.
Não havia manjar que o apetite abrisse,
   Raposa ou lobo que saísse
   Contra a presa inocente e mansa,
   Rola que à rola não fugisse,
   E onde amor falta, adeus, folgança.
O leão convocou uma assembleia e disse:
"Sócios meus, certamente este infortúnio veio
   A castigar-nos de pecados.
   Que o mais culpado entre os culpados
Morra, por aplacar a cólera divina,
Para a comum saúde esse é, talvez, o meio.
Em casos tais é de uso haver sacrificados,
   Assim a história no-lo ensina.
Sem nenhuma ilusão, sem nenhuma indulgência,
   Pesquisemos a consciência.
   Devorei muita carneirada.
   Em que é que me ofendera? Em nada.
   E tive mesmo ocasião
De comer igualmente o guarda da manada.
Portanto, se é mister sacrificar-me, pronto.
   Mas assim como me acusei,
Bom é que cada qual se acuse; de tal sorte
Que (devemos querê-lo, e é de todo ponto
Justo) caiba ao maior dos culpados a morte.
— Meu senhor, acudiu a raposa, é ser rei
Bom demais; é provar melindre exagerado.
   Pois então devorar carneiros,
Raça lorpa e vilã, pode lá ser pecado?
   Não. Vós fizestes-lhes, senhor,
   Em os comer muito favor.
   E no que toca aos pegureiros,
Toda a calamidade era bem merecida;

Pois são daquelas gentes tais
Que imaginaram ter posição mais subida
　　　Que a de nós outros animais".
Disse a raposa; e a corte aplaudiu-lhe o discurso.
　Ninguém do tigre nem do urso,
Ninguém de outras iguais senhorias do mato,
　　Inda entre os atos mais daninhos,
Ousava esmerilhar um ato;
E até os últimos rafeiros,
　　Todos os bichos rezingueiros
Não eram, no entender geral, mais que santinhos.
Eis chega o burro: — "Tenho ideia que no prado
De um convento, indo eu a passar, e picado
Da ocasião, da fome e do capim viçoso,
　　E pode ser que do tinhoso,
　　Um bocadinho lambisquei
Da plantação. Foi um abuso, isso é verdade".
Mal o ouviu, a assembleia exclama: aqui del-rei!
Um lobo, algo letrado, arenga e persuade
Que era bom imolar esse bicho nefando,
Empestiado autor de tal calamidade.
　　E o pecadilho foi julgado
　　　　Um atentado.
Pois comer erva alheia! Ó crime abominando!
　　Era visto que só a morte
Poderia purgar um pecado tão duro.
　　E o burro foi ao reino escuro.

Segundo sejas tu miserável ou forte,
Áulicos te farão detestável ou puro.

Os desejos

José Inácio de Araújo (Trad.)

Há no Mogol uns duendes
Serviçais — uns criadinhos,
Leitor, se não compreendes,
Passe na fé dos padrinhos.
Para limpar a casa erguem-se cedo,
　　E fazem muito mais;
Mas no que arranjam não toqueis com um dedo.
　　Porque tudo estragais.

Um desses, perto ao Ganges alojado,
　　Tratava dum jardim
E era pelo patrão muito estimado.
　　(Devia ser assim).

Porém, outros duendes (dos mais reles,
　　Segundo o que se conta)
　　Tomaram-no de ponta
E forjaram intrigas. O rei deles,
Por ordem que assinou com a régia mão,
　　Manda-o dali sair;
　　E ele, antes de partir,
Saudoso se despede do patrão:
　　— "Posso cumprir, no momento,
　　Três desejos que tu tenhas;
　　Dize no que mais te empenhas,
　　Que ao teu serviço me vês."
　　— "Dá-me riqueza abundante
　　Que todo o mundo cobice."
　　O duende, se bem o disse,
　　Ainda melhor o fez.

Ei-lo cheio de riquezas,
Que lhe engrossam a vaidade;
Já não sabe onde arrecade
Os seus imensos milhões:
Já o carregam tributos,
Já lhe pedem por abono;
E por vezes perde o sono
Com receio dos ladrões.

"Vem, ó mediana!" — Ela ao pedido
    Acode; é festejada,
    E bem agasalhada...
E só falta um desejo a ver cumprido.

Riu-se o duende ao ver que em coisas fúteis
       As horas se consomem,
Que bem se empregariam nas mais úteis;
       E então o nosso homem

Pediu a sapiência, bem sem par,
O mais útil e fácil de guardar.

A CORTE DO LEÃO

José Inácio de Araújo (Trad.)

Um dia, a leonina majestade,
       Forte no dente e unha,
       Quis saber com verdade
De que povos seu reino se compunha;
E convocou por circular firmada
Com o selo real
A vária bicharada.
Dizia o papelucho, por sinal,
Que o rei daria audiência,
E que esta, por maior magnificência,
Seria aberta ao grito
Do macaco em caretas mais perito.
O monarca entendeu,
Para ostentar grandeza entre os vassalos,
Ao seu real palácio convidá-los...
Mas que palácio o seu!...
Depósito de restos da matança,
De exalações ingratas
Que obrigam o urso, mal na entrada avança,
A tapar os narizes com as patas.

O rei, vendo isto, pula
E da vida e do enjoo lhe dá cabo. —
A sacudir o rabo,
O mono aplaude a ação, e em prosa chula

Tece grande louvor
À cólera de um rei tão justiceiro,
E diz que não há flor,
Que vença do antro o delicado cheiro.

Sua lisonja tola
Teve por prêmio a morte.
Esse senhor, a quem não lhe *ia à bola*,
Não sabia ensinar por outra sorte.
'stava a raposa perto,
E o leão lhe pergunta em sério tom:
"Com franqueza, este cheiro é mau ou bom?"
Responde o bicho esperto:

"Pronta o vosso desejo aqui cumprira,
Se um defluxo, que tenho, o consentira".

Os contos são úteis, de ensino são ricos:
Se acaso na corte puderes entrar,
Faz sempre o teu jogo com pau de dois bicos,
Terás a certeza de ali agradar.

O CARRÃO E A MOSCA

Conde de Azevedo e Silva (Trad.)

Trepando a custo em íngreme ladeira
Inundada de sol e de poeira,
Por um carrão bojudo,
Seis valentes cavalos vão puxando.
Mulheres, frades, velhos, desceu tudo.
Sopram, suam as bestas, e a miúdo
      Pegam-se, exaustas; quando
      Surde uma mosca em roda
      E chega-se aos cavalos;
Pretende com o zumbido estimulá-los
E mover a caranguejola toda
Um e outro aguilhoando, ora sentada
Na lança, ora nas ventas do cocheiro.
Mas em vendo o carrão pela calçada
      De novo andar ligeiro,
Em si própria resume toda a glória.
Corre de um lado e doutro num tormento,
      Qual ativo sargento
Na pugna contribui para a vitória!
      Depois entra a clamar
      Que não tem quem lhe acuda;

Como há de o carro andar,
Se ninguém mais a ajuda?
Rezava o frade o ofício;
O ensejo era propício!
Cantando ia uma dama: "Ora, cantigas!
A mosca lhe zunia, em boa hora!"
Louca andava! Depois de mil fadigas,
Chega ao alto o carrão: "Descanso, agora!
Descanso! A mosca diz, —
Afinal tanto fiz
Que em cima os pus! Cavalos, meus senhores,
Façam favor, paguem-me os meus labores!"
Assim também há gente entremetida
Que se finge expedita e diligente,
E é somente atrevida.
Fora com eles, fora, que é má gente!

Os dois galos

Couto Guerreiro (Trad.)

Dois galos se meteram em peleja
A fim de saber qual deles seja
O capataz de um bando de galinhas:
Unhadas e bicadas tão daninhas
Levou um, que se deu por convencido,
E andava envergonhado e escondido.

O vencedor se encheu de tanta glória,
Que para fazer pública a vitória,
Pôs-se de alto, voou sobre umas casas;
Ali cantava, ali batia as asas.

Andando nestas danças e cantares,
Veio uma águia, levou-o pelos ares;
E saindo o que estava envergonhado,
Gozou do seu ofício descansado.

Quem contemplasse bem quão pouco dura
Neste mundo qualquer prosperidade,
Livre estava de inchar por vaidade
Com um leve sucesso de ventura.

   O que tem a alegria por segura
É doente, e o seu mal fatuidade;
Que ela passa com muita brevidade,
E vem logo a tristeza, e muito atura.

   De mudanças o mundo está tão cheio,
Que hoje rio, amanhã estou sentindo
Uma grande desgraça que me veio:

Delira quem dos tristes anda rindo;
Que é absurdo gostar do mal alheio,
Quando o próprio a instantes está vindo.

Livro VIII

A MORTE E O MORIBUNDO

Barão de Paranapiacaba (Trad.)

Nunca é da morte surpreendido o sábio.
Pronto sempre a partir, sabe o momento,
Em que lhe cumpre da jornada extrema
Os aprestos dispor. Ah! Que esse instante
Todos os tempos no seu grêmio abrange.
Fazei-lhe embora a divisão por dias,
Por horas, por minutos, por segundos,
Não há porção, ou átomo integrante

Da longa duração, que não se inclua
No tributo fatal; todos e tudo
São do domínio seu; nada lhe escapa.
Às vezes, no momento em que no mundo
Abrem olhos à luz dos reis os filhos,
A fria mão da Morte inexorável
Por todo sempre as pálpebras lhes fecha.
Da grandeza fazer escudo e amparo,
Mocidade alegai, virtude e graças;
Tudo vos rouba sem pudor a Morte.
Um dia inda virá que o mundo inteiro
Há de aumentar-lhe a colossal riqueza.
Nada mais certo do que a morte existe;
Nada nos acha menos preparados.

Moribundo que mais de cem anos
   De vida contava,
Porque a morte queria levá-lo
   De chofre — a acusava.

Constrangê-lo a partir sem que o deixe
   Fazer testamento!
Nem sequer preveni-lo que havia
   Chegado o momento!

"Pois é justo (dizia) que eu morra
   Assim de repente?
Minha esposa que eu parta sem ela
   Não quer, não consente.

Esperai, pois a um neto-sobrinho
   Me resta empregar;
Dai-me tempo a que eu possa na casa
   Um lanço puxar.

Oh! Não sejas cruel Divindade,
        Tão sôfrega assim!"
"Surpreender-te (responde-lhe a Morte),
        Meu velho, não vim.

Sem razão de insofrida me acusas.
        Cem anos não contas?
Quanta gente que tenha essa idade
        No mundo me apontas?

Quando muito, haverá dez macróbios
        Em todo o país;
Muito esperto serás, descobrindo
        Uns dois em Paris.

Acabaras a casa, se em tempo
        Te houvesse avisado!
Testamento tiveras escrito
        E o neto arrumado!

Mas não foi um aviso o sentires
        Os membros tolhidos,
Fraco o espírito e sem energia
        Engenho e sentidos?

Para ti nada agora se veste
        De gala, ou magia;
Para ti toma inúteis desvelos
        O astro do dia.

Tu lastimas uns bens que não podes
        Gozar neste mundo;
Teus amigos mostrei-te ou já mortos,
        Ou já moribundos.

Não foi isto avisar-te? — É já tempo;
      Partamos depressa;
À república o teu testamento
      Em nada interessa".

Disse bem. Eu quisera esta vida
      Deixar prazenteiro,
Qual se deixa um festim, dando graças
      Ao bom hospedeiro.

Eu terei minha mala provida
      E pronta a bagagem;
Pois quem pode prever os transtornos
      Da longa viagem?

Murmuras, velho! Contempla
Essa valente coorte
De jovens, que marcham, correm
À nobre, mas certa morte!

Que vai clamar? De indiscreto
— Meu zelo na pecha incorre;
Quem mais se assemelha a um morto,
Mais contra vontade morre.

O FINANCEIRO E O REMENDÃO

Joaquim Serra (Trad.)

Um remendão cantava noite e dia,
      Era um gosto escutá-lo!
Ditoso na pobreza, parecia
Um nababo nadando na opulência.

Seu vizinho não tinha igual regalo,
  Nem tranquilo repouso.
Apesar da riqueza, a consciência
  Trazia-o cuidadoso.
Um financeiro era o tal vizinho;
E vivia acusando a Providência
De não ter feito o sono e a alegria
  Uma mercadoria,

   Que se comprasse como o pão e o vinho.
    Se às vezes dormitava,
Do remendão o canto o acordava!
Fê-lo ir à sua casa o financeiro
E perguntou-lhe: — "Ó mestre, a quanto monta
O que podes ganhar num ano inteiro?
 — Não posso calcular tamanha conta...
Tantos santos há hoje na folhinha
   Causando feriados,
Que não ouso dizer, por vida minha,
Quanto um ano me rende... Alguns cruzados,
Pra não morrer de fome, chega apenas
   O que faço por dia,
   Miserando salário,
Após muito trabalho, rudes penas!...

   — Pois toma esta quantia,
   Retruca o milionário;
   Quero dar-te a fartura.
Não mais trabalharás em tua vida!"
E entregou-lhe uma bolsa bem sortida.

Foi às nuvens o pobre sapateiro!
   Julgou-se logo o dono
   De todo o ouro da terra!
Apressado correu ao seu telheiro,
   Aonde esconde e enterra
Não só o ouro... a alegria e o sono!...

   Adeus, ledas cantigas!
Qualquer ruído o põe em sobressalto;
Se dorme, escuta vozes inimigas,
E treme até do leve andar do gato!
O mísero maldiz do seu contrato,

E prestes o desfaz;
Vai ter com o financeiro
Que tranqüilo dormia,
E diz-lhe: "Tome lá o seu dinheiro,
Guarde-o, eu guardarei a cantaria
E o meu dormir em paz!"

As mulheres e o segredo

José Inácio de Araújo (Trad.)

Não é lá no pensar muito atilado
Quem a mulher confia o seu segredo...
Mas neste ponto também tenho medo
Muitas vezes do sexo que é barbado.

Para experimentar sua mulher,
Estando certa noite ao lado dela,
Um marido exclamou: — Ai, Micaela,
Que dores tão cruéis! Que atroz sofrer!

Não sei triste de mim, como me aguente!
Mas que é isto, mulher? Ó caso novo!...
Mesmo agora acabei de pôr um ovo!
"Um ovo!? — Aqui o tens; inda está quente!

Não contes este caso; tem cuidado, —
Quando não de galinha põem-me a alcunha."
A mulher, que o engano não supunha,
Jurou fechar a boca a cadeado.

Mas apenas se ergueu de manhãzinha
Esta pouco assisada Micaela,

Desejosa de dar à taramela,
Foi o caso contar a uma vizinha.

"Sabe, comadre, o que hoje sucedeu?...
— Então que foi? Que foi? — O meu Torquato
Pôs um ovo que enchia bem um prato!...
Mas não conte a ninguém, ouviu? — Quem? Eu!"

Do peso do segredo aliviada,
A mulher do do ovo entrou em casa;
Mas a vizinha já se vê em brasa
Por dar essa notícia desusada.

Deixa o almoço ao lume, sai mui pronta
E a outra conta a história de bom gosto;
Mas ao ovo que o homem tinha posto
Acrescenta mais um por sua conta.

O caso vão contando estes e aqueles,
E cada qual seu ovo acrescentava;
De sorte que à noitinha se afirmava
Que o homem tinha posto um cabaz deles.

O CÃO QUE LEVA O JANTAR AO DONO

José Inácio de Araújo (Trad.)

Marchando com grande entono
Um cão esperto e sagaz,

Levava o jantar ao dono
Em um pequeno cabaz.

Passa outro cão atrevido,
Entra a rosnar, a rosnar,
E mostra-se decidido
Em lhe tirar o jantar.

Mas o que pensa não faz,
Que o primeiro cão, valente,
Da boca larga o cabaz
E ao ladrão refila o dente.

Um bando de cães acode;
Vê-se o jantar em perigo;
E o fiel cão, que não pode
Combater tanto inimigo,

Diz aos irmãos com bom modo:
"A questão é de barriga;
Reparta-se isto por todos
E não pensemos na briga".

Este atira-se a um bocado,
Aquele a um outro cobiça;
Cada um puxa para seu lado...
Foi fogo viste, linguiça!

É parecido este cão
Ao empregado zeloso
Que arrecada, escrupuloso,
Os dinheiros da nação;

Mas não podendo estorvar
Que os outros comam do bolo,
Não quer que lhe chamem tolo
E é o primeiro a roubar.

O URSO E O AMADOR DE JARDINS

José Inácio de Araújo (Trad.)

Em um bosque solitário
De funda mudez sombria,

Por lei do destino vário
Oculto um urso vivia.

Podia perder, coitado,
O juízo; — vem dele a míngua
Ao que se vê isolado
Sem ter com que dar a língua.

É muito bom o falar,
O calar-se inda é melhor.
Dos sistemas no abusar
É que se encontra o pior.

Como no bosque recurso
Pra conversar não achava,
Aborreceu-se o nosso urso
Da vida que ali levava.

E, enquanto em melancolias
Ia consumindo o alento,
Não longe passava os dias
Um velho em igual tormento.

O velho amava os jardins,
Que a capricho Flora esmalta.
Belo emprego, mas dos ruins,
Quando um bom amigo falta.

E cansado de viver
Com gente que muda nasce,
Meteu-se a caminho, a ver
Se achava com quem falasse.

Ora, quando o velho ia
Saindo para a jornada,
Do bosque o urso saía
Levando a mesma fisgada.

Encontraram-se, era cedo,
E o velho, como é de crer,
Teve do urso grande medo
Como teria qualquer.

Mas por fim, julgando-o manso,
Com ele simpatizou:
"Queres jantar com descanso
No meu lar?" Ele aceitou.

Comeram; d'alma no centro
Nenhum receou perigos;
E ficam portas a dentro
Vivendo os dois como amigos.

O velho as flores regava,
Com que muito se entretinha;
O urso saía, caçava
E abastecia a cozinha.

E tanto afeto exibia,
Embora em maneiras toscas,
Que quando o velho dormia,
Até lhe enxotava as moscas.

Mas um moscardo maldito
Apareceu, tão ruim,
Que o urso se viu aflito
Pra conseguir o seu fim;

E, de raiva furioso,
Agarra um matacão,
E esborrachou o teimoso...
Sobre a tola do patrão!

A mil éguas fulanejas
Lance a Parca a dura foice:
Querem encher-nos de beijos,
E o que dão, por fim, é coice!

O PORCO, A CABRA E O CARNEIRO

José Inácio de Araújo (Trad.)

Uma cabra, um carneiro e um porco gordo,
juntos num carro, iam à feira. Creio
Que todo o meu leitor será de acordo
Que não davam por gosto esse passeio.

O porco ia em grandíssimo berreiro
Ensurdecendo a gente que passava;
E tanto um como outro companheiro
Daquela berraria se espantava.

Diz o carreiro ao porco: "Por que gritas,
Animal inimigo da limpeza?
Porque, trombudo bruto, não imitas
Dos companheiros teus a sisudeza?

— Sisudos, dizes?!... Quer-me parecer
Que não têm a cabeça muito sã,
Porque pensam que apenas vão perder,
A cabra o leite e o carneiro a lã.

Mas eu, que sirvo só para a lembrança,
Envio um terno adeus ao meu chiqueiro...
Pois cuido que à goela já me avança
O agudo facalhão dos salsicheiros!

Pensava sabiamente esse cochino,
Mas pra que, pergunto eu? Se o mal é certo,
É surdo às nossas queixas o destino;
E o que menos prevê é o mais esperto.

AS EXÉQUIAS DA LEOA

Barão de Paranapiacaba (Trad.)

Tendo estado alguns dias doente,
Faleceu a mulher do leão;
A seu rei, pela perda sofrida,
Tristes pêsames dar todos vão,
Condolências que ao pobre viúvo
Mais agravam a imensa aflição!

Fez saber o leão a seu reino
Que em tal dia, a tal hora e lugar,
Se deviam com pompa solene
As exéquias reais celebrar;
Ao preboste cumpria o regê-las
E aos do séquito em linha ordenar.

Tudo às ordens do chefe obedece,
Como os nossos leitores preveem;
Troa aos berros da fera a caverna,
(Que os leões outro templo não têm).
E os da corte arremedam-lhe os brados,
Em vasconço rugindo também.

Eu entendo por corte uma terra,
Povoada de apática gente,
Que de coisa nenhuma se importa,
E pra tudo disposta se sente,

A estudar nas feições de seu amo
Se ela deve estar triste ou contente.

Se, baldando os esforços, não logra
Ser aquilo que o rei quer que seja,
Pelo menos, usando artifícios,
Por tentar parecê-lo forceja.
Deus permita que sempre na vida
Dessa gente afastado me veja!

* * *

Povo, macaco dos amos,
Camaleão furta-cores!
Uma só alma creríeis
Nesses mil aduladores;
Esses, sim, podem chamar-se
Relógios reguladores.

Mas... para voltar ao conto...
O veado não chorou;
De sua rainha a morte
Como justiça encarou;
Pois alguns anos antes,
Filho e esposa lhe matou.

Desse fato ao rei dos bichos
Deu parte um vil lisonjeiro,
E ajuntou, por conta sua,
Que vira rir o galhofeiro,
Mostrando, em meio do luto,
Um semblante prazenteiro.

Diz Salomão que é terrível
Sempre a cólera de um rei.
Que a do rei leão sublima,
Sem receio afirmarei.
Se o veado, estranhos aos livros,
Sabia disso — não sei.

Brada o leão: "Ris, ó biltre,
Hóspede mau da espessura;
Não imitas essas vozes,
Ecos da interna amargura?
Vou mandar que te castiguem
Miserável criatura!

Não profano as sacras unhas
Em tua carne daninha;
Vingai, lobos, nesse infame
A vossa augusta rainha;
Imolai-o aos manes dela
Aqui na presença minha!"

"*Sire*! O tempo dos lamentos
(Volveu o cervo) é passado;
O pranto agora é supérfluo;
Já demais haveis chorado;
De vossa cara metade
Eu vi o vulto sagrado;

Toda de flores cercada
Há pouco me apareceu,
E minha vista, sem custo,
Distinta a reconheceu;
E (disse:) — O que vou narrar-te
Ouve atento, amigo meu.

Não quero pranto e gemidos
Neste solene momento;
Para Deus, para os Elísios,
Me leva este saimento;
Ao lado dos outros santos
Gozo o céu a meu contento.

Deixa o rei, por algum tempo,
Em dolorosa agonia;
Se chora, é que tem saudades;
Isso causa-me alegria."
Apenas se cala o cervo,
Rompe em grita a bicharia:

"Apoteose, milagre!"
E o cervo, em vez de punido,
Foi, entre palmas e bravos,
Em triunfo conduzido,
Sendo-lhe um rico presente
Afinal distribuído.

* * *

Com ilusões fagueiras
Os reis lisonjeai;
Com aprazíveis nugas
Seu ânimo embalai.

Por mais que tenham n'alma
A cólera a ebulir,
Hão de afeição votar-vos
E a pílula engolir.

O BURRO E O CÃO

Fernandes Costa (Trad.)

A lei do mútuo auxílio é lei antiga e bela
   Imposta por Natura.
O burro, com ser burro, andava ao fato dela
E, se em funesto dia a desprezou de vez,
Não sei como tal fez.
Esta justiça devo à boa criatura.
No convívio do cão, seguia de jornada,
Com toda a pacatez e sem pensar em nada.
   Tinham o mesmo dono,
    O qual, afadigado,
   Fez a vontade ao sono.
Veio a talho de foice o caso apropriado,
Pois isto sucedeu, mesmo a meio de um prado
Onde a erva crescia à mão de semear.
O burro, que não era afeito a hesitações,
   Pôs-se logo a pastar.
De cardos viu a falta, olhando-a indiferente,

Pois muito bem sabia
Que era ser exigente.
Ele, a gema, o primor dos burros mansarrões,
Negar-se a dispensar, ao menos por um dia,
O frequente manjar, que ainda o fartaria
Em mais ocasiões.
Criado em tais doutrinas,
Sabia as paixões más vencer de quando em quando
E, assim, dizendo adeus às tentações mofinas,
Continuou pastando.
O cão, esse, coitado! À força de jejum,
Viu-se obrigado a ter menos filosofia;
Chegou-se francamente: "Amigo, eu tiraria
Decerto o meu jantar
Podendo-lhe chegar.
Tenho deveras fome, e a fome é um tormento;

Dá-me um minuto só, faze-me este favor.
   Abaixa-te um momento".
O burro nem palavra. Aquilo era, talvez,
   Ataque de surdez;
Ou estaria pensando, inconscientemente:
Ser caridoso é bom, mas é muito melhor
Calar e ir dando ao dente.
Volvido largo tempo, achou-se mais disposto
O burro a responder. Vê-se que a digestão
   Lhe despertava o gosto
De dar à taramela. Assim falou ao cão:
   "Amigo, ouve um conselho;
Deves saber esperar e deves ter paciência.
   Lições da experiência
   Que eu sei, já por ser velho.
   Mais um momento, e breve,
O nosso dono esperta. O seu dormir é leve,
E tão depressa acorde, é ponto certo que há de
Cuidar logo de ti, tratando-te de sorte,
   Que fiques como um frade".
Nisto, um lobo feroz, prenunciando morte,
   Aparece, esfaimado.
   O burro, transtornado,
Aflito, chama o cão e pede que lhe acuda.
Outra vez se repete a mesma cena muda,
Até que o cão responde: "Ouve um conselho amigo:
Deita a fugir depressa, enquanto o nosso dono
Acaba de dormir. Ele tem leve o sono,
E logo que acordar, acode, sem demora,
   A livrar-te do p'rigo.
   Quem sabe até se agora
   Já sonhará contigo?
Bem sabes que o viver tem cenas variadas,
No mundo anda-se exposto a muitas más venturas;

Se o lobo te apanhar, levanta as ferraduras
  E quebra-lhe as queixadas".
Ao burro este aranzel de pouco aproveitou,
  Pois, durante o sermão,
  O lobo o devorou,
Sem dó nem remissão.
  É bom, convém saber,
  Uns aos outros valer.

O GATO E O RATO

Filinto Elísio (Trad.)

Quatro animais diversos,
O gato grama-queijo,
O mocho, ave triste-feia,
Doninha talhi-longa

E o rato trinca-malha,
Frequentavam o tronco
Asselvajado e podre
E velho dum pinheiro.
E tanto o frequentaram
Que um homem certa noite
Em torno dele as redes
Estendeu. — Sai o gato
De madrugada à caça.
Como as relíquias últimas
Das sombras lhe tolhiam
Ver a rede, cai nela;
Ei-lo em p'rigo de morte!
Grita: vem logo o rato.
Um mui desesperado,
O outro folgando muito
De ver nos laços preso
Seu mortal inimigo;
Disse-lhe o triste gato:
"Caro amigo, os penhores
Da tua benquerença
Em meu pró são frequentes,
Vem me ajudar; que eu saia
Da trempe, em que ignorante
Caí. Por bom direito
Com singular afeito
Entre os teus todos sempre
Te preservei! Que te amo,
Como olhos meus. Nem disso
Me pesa. A Deus dou graças;
E agora ia eu rezar-lhe,
Como insta a todo o gato
Devoto as manhãs todas
Fazer. Tais nós me prendem:

Vem quebrar-me estas malhas,
Tens na mão minha vida."

RATO

Que prêmio é o que me espera?

GATO

"Jurar-te aliança eterna;
Dar toda a segurança;
Dispõe das minhas unhas:
Por ti, e contra todos
Empenho o meu amparo.
Comerei a doninha,
Mais a mulher do mocho,
Que ambas mui mal te querem."

RATO

— Como és tolo! Eu soltar-te!
Assim seria eu asno! —
Volve-se ao seu cubículo,
Que é ao pé da doninha;
Trepa mais alto o rato,
E dá co mocho. P'rigos
Em toda a parte encontra.
O mais instante o vence,
Ao gato o trinca-malhas
Desce e se ajeita em modo
Que trinca um nó, trinca outro,
Trinca tantos, que a cabo
Desempecilha o hipócrita.
Nisto aparece o homem;

Fogem os dois aliados. —
Passam tempos. Vê o gato
De longe o rato alerta,
Bem que afastado; e diz-lhe:
"Vem-me beijar; vem, mano;
Me ofende o teu receio,
Como inimigo olhares
O teu aliado! Cuidas
Que me esquece dever-te,
De Deus abaixo, a vida?

RATO

Cuidas, que eu do teu gênio
Me esqueço? Há tratado,
Que a nenhum gato obrigue
A ser agradecido?
Eu finco pé na aliança,
Que armou necessidade?"

Livro IX

OS DOIS POMBOS

José Antônio de Freitas (Trad.)

Amavam-se dois pombos ternamente
Com suave meiguice e amor profundo.
Um deles — que loucura! — de repente
À casa toma tédio, quer ver mundo.

"Que vais fazer? diz-lhe então
Já saudoso o companheiro:
Medita, pensa primeiro,
Assim deixas teu irmão?

Ninguém duvida que a ausência
É dos males o maior;
Não para ti!... Só se for
Que os trabalhos, a inclemência,

E dessa jornada o perigo,
Que pretendes arrostar,
Possam teu peito mudar
Em peito bondoso, amigo.

Se mais perto a primavera
Sorrisse alegre, então... vá!
Quem te obriga a partir já?
Espera o zéfiro, espera;

Há pouco um sincero corvo
Crocitou, e à nossa raça
Agoirou muita desgraça
Em tom profético e torvo.

Só nas coisas infelizes
Doravante pensarei;
Em redes, falcões, que sei?...
Tiros, flechas e boízes.

Ah! — direi quando chover:
Meu pobre irmão, coitadinho,
Terá ceia, terá ninho,
E tudo o que lhe é mister?"

Esta linguagem branda e cheia de bondade
        Enternece-lo faz;
Teve, porém, mais força a indómita vontade
        Do viajante audaz.

    "Não chores; três dias bastam-me —
Já vês que é curta a demora —
Para matar este férvido
Desejo que me devora.

    Quando voltar, com que júbilo
Referirei por miúdo
Aventuras, episódios,
Incidentes, tudo, tudo!

    Quem pouco vê, é certíssimo
Que pouco pode contar.
Eu te direi que, em tal época,
Achava-me em tal lugar,

    E tu, enlevado, extático,
De me ouvir falar assim;
Hás de julgar — asseguro-te —
Que estavas ao pé de mim."

Assim falou, e em pranto de soluços
Despediram-se os dois. O viajante
A jornada começa. Não distante
Da casa, que fugira, carregada
Ergue-se no ocidente escura nuvem,
Que em chuva se desata, e o peregrino
Corta os ares em louco desatino.
Um albergue buscando, uma pousada.

    Negro tronco, de folhas quase nu,
Se lhe depara então. Voa ligeiro,
E mal pode encontrar de triste ulmeiro
Entre a folhagem rara asilo pobre.
Depois, quando outra vez se anila o céu,
Frio, molhado sai do humilde abrigo,
Enxuga as penas, parte e muito trigo
Espalhado no campo além descobre.

Outro pombo vê perto, e sem detença
         Dirige-se pra lá.
E quando cuida mais, quando mais pensa
Gozar com igual ventura imensa,
         Num laço preso está,
Que por mão ardilosa, enganadora,
Por debaixo do trigo armado fora.

O laço era já velho. O prisioneiro
Esforça-se, porfia, teima, luta,
         De tal forma trabalha
Com as asas, bico e pés, que, enfim, consegue
Quebrá-lo, ver-se livre, muitas penas
         Deixando na batalha.

Mas a fortuna má, que o segue, e nutre
Contra o pombo infeliz ódio entranhado,
 Já lhe mostra nos ares um abutre,
         Que voraz, esfaimado,
Mal o avista, a vontade sente acesa
De lhe deitar a garra e fazer presa.

E o mísero, que traz restos de guita
         A cortar-lhe inda os pés,

Um galeote, um criminoso imita
      Fugindo das galés.

Eis que, porém, naquele mesmo instante,
      Batendo as asas longas,
Das nuvens arremessa-se gigante
      Uma águia, e, sem delongas,
Trava-se entre os ladrões rude peleja
Por lograr cada qual o que deseja.

O pombo, como terceiro,
Aproveita do combate;
Ergue o voo e só o abate
Quando encontra um pardieiro,

De seu bárbaro destino
Julgando o pobre animal
Que a peripécia final
Era esse caso mofino.

Mas um rapaz turbulento, —
Não tem compaixão a infância! —
Uma pedra com tal ânsia
Lhe envia, que, sem alento,

Quase o deixa. — Maldizendo
A sua curiosidade,
Vai para casa gemendo,
Meio coxo, meio morto,
E, sem outra novidade,
Chega do ninho ao conforto.

A LANDE E A ABÓBORA

Barão de Paranapiacaba (Trad.)

Deus bem sabe o que faz. Escusa procurar
As provas desse acerto; a abóbora as vai dar.
Viu este fruto um lorpa e, estando a contemplá-lo,
E achando-o muito grande e mui delgado o talo,
"Em que pensava (disse) o autor desta invenção,
Que da abóbora fez tão má coleção?
Se fosse cá por mim, não tinha mais trabalho
Que fazê-la pender daquele alto carvalho.
Por Deus, que isto calhava; em árvore tão grande
Assenta fruto assim e não mesquinha lande.
— Que pena, João, não teres figurado
Na assembleia do Deus, do cura apregoado?
Tudo ficara então melhor distribuído:
O fruto, que ao carvalho eu vejo suspendido,
E ao meu dedo meiminho iguala na grossura,
Pousara, em lugar dela, ao rente da planura:
Deus se enganou, decerto. E quanto mais medito
Na má colocação dos frutos, que hei descrito,
Mais me parece nisto equívoco existir".
Com estas reflexões, privado de dormir,
O nosso camponês provava o dito certo:
"Quem muito engenho tem, conserva-se desperto,
"Porque lhe foge o sono". — Entanto, à fresca sombra
Deita-se de um carvalho em mole e verde alfombra.
Magoa-lhe o nariz lande, que se despega:
Desperta em confusão; com as mãos o rosto esfrega;
Na barba o fruto achou. Com dores do nariz:
"Oá! Pois não sangrou! Se fosse mais pesada
A massa que tombou, que tal fora a pancada!
Se uma abóbora fosse em vez desta frutinha,

Ficara em fresco estado a pobre face minha!
Tal não aprouve a Deus! Pois, sábio e onipotente,
Para assim proceder, motivo houve excelente".
E, graças dando ao céu por tudo quanto fez,
A casa recolheu-se em paz o camponês!

A OSTRA E OS PLEITEANTES

Filinto Elísio (Trad.)

Dois peregrinos,
Um dia encontram
Na praia uma ostra,
Que o mar lançara.
Já com os olhos a sorvem, já com o dedo
A apontam um ao outro.
Pôr-lhe dente? — isso é ponto contestado.
Um se debruça
A colher preia,
E o outro o arreda,
E diz: "Saibamos
A quem compete
Ter dela o gozo.
O que a avistou primeiro, a trinque; e o outro
Veja-se com o olho,
Coma-a com a testa!
— Se o negócio, diz o outro, assim se julga,
Tenho — graças a Deus, esperto luzio.
— Nem os meus são ruins, disse o primeiro;
Que antes que tu, a vi; por vida o juro.
— Se a viste, a mim cheirou-me".
Neste comenos,
Chega ao pé deles
Juiz da Casinha.
Nele se louvam.
Mui grave o juiz recebe a ostra e — papa-a,
E os dois a olhar. — Refeição feita:
"Tomai — lhes diz, em tom de presidente —
Cada um sua casca,

Salva de custas,
E vão-se andando".

Contai quanto hoje custa uma demanda,
E o que a muitas famílias depois fica;
E vereis que o juiz vos leva o bolo,
E vós ficais com o saco, e com os trebelhos.

O LOBO E O CÃO MAGRO

Eduardo Garrido (Trad.)

A pequena distância de uma aldeia,
    Um lobo encontra um gozo,
    E quer ferrar-lhe o dente.
      O cão, manhoso,
    E vendo a coisa feia, —
Rabo entre pernas, — diz-lhe humildemente:
"Peço perdão, — mas Vossa Senhoria,
    Ou não vê bem de perto,
      Ou vê decerto
    Em mim pobre iguaria!...
Eu sou o que se chama — um carga d'ossos;
    Vendido em qualquer talho,
      Não valho
      Dois tremoços!...
Quer um conselho? Espere. Muito breve,
    Meu dono casar deve;
      Convidado
    Já fui para o noivado;
      Tempo de boda,
    Tempo de fartura:
      Faz-se gordura
    Esta magreza toda!
Tal como sou, não passo de um lambisco;
Enquanto que depois de uns dias ledos, —
Não é por me gabar, — mas... um petisco,
      Eu devo ser
      De se lamber
        Os dedos!...
Deixe que eu tire o ventre da miséria,
    E venha, venha então!"

O lobo crê na léria...
E larga o cão!
Passam dias, — e, muito cauteloso,
Entra o lobo na aldeia,
A ver se acha no gozo
Melhor preia.
Mas, em lugar seguro, o cão, velhaco:
"Por cá, meu caro? — diz; — prazer sem-par!...
Dois dedos de cavaco
Eu e o guarda-portão te vamos dar;
Espere aí portanto,
Tiramos o ferrolho!" —
Era o guarda-portão
Um canzarrão

Capaz de estrangular um lobo, enquanto
      O demo esfrega um olho! —
O lobo, ao vê-lo, diz — todo assustado:
"Senhor guarda-portão, um seu criado!"
E as pernas pôs em rápido exercício!

Ora aqui está um lobo que, a meu ver,
      Mostrava não saber
      Do seu ofício!

O GATO E O MACACO

Barão de Paranapiacaba (Trad.)

Eram Ratão e Bertoldo;
Aquele gato, este mono,
Comendo à mesma cozinha,
Sujeitos ao mesmo dono.

Que boa camaradagem
De daninhos animais!
De ninguém, fosse quem fosse
Se arreceavam os tais.

De alguma coisa estragada
Que aparecia no lar
À gente da vizinhança
Era escusado culpar.

Bertoldo furtava tudo;
De seu lado dom Beltrão,
Mais ao queijo, do que aos ratos
Prestava sua atenção.

Certo dia ao pé do fogo
Meus larápios contemplavam
Uma dúzia de castanhas,
Que no braseiro estalavam.

Que pechincha se pudessem
Surripiá-las com jeito!
Os tratantes nessa peça
Viam dúplice proveito.

O próprio interesse d'ambos
Era o móvel principal;
Depois o prazer maligno
De fazer aos outros mal.

A Ratão disse Bertoldo:
"Irmão, que és fértil em manhas,

Faze agora uma de mestre;
Tira-me aquelas castanhas.

Se Deus me houvesse adaptado
Para do fogo tirá-las,
Que giro teriam elas!
Estava sempre a trincá-las!"

Foi dito e feito. Ratão
Mete a pata na lareira,
E um pouco afastando a cinza
Por delicada maneira,

Retira, em seguida, as unhas
E avança-as mais de uma vez;
Surripia uma castanha,
Depois duas, depois três.

Ia papando-as Bertoldo;
Eis que surde uma criada.
Adeus, gato! Adeus, macaco!
Vão batendo em retirada!

Ratão, segundo me contam,
Não se mostrou satisfeito;
Pois achou que era de tolo
O papel que tinha feito.

* * *

Muitos príncipes conheço,
Que nosso Ratão parecem;
Fazem quejanda figura,
E disso se desvanecem.

Vão escaldar-se às províncias
Por algum rei que os instiga;
É sempre o rei, quem, de fora,
Colhe proveito da briga.

A PASTORA E SEU REBANHO

Barão de Paranapiacaba (Trad.)

"Como assim! Desta bruta matula,
Um ou dois dias há de sempre faltar?
Cada dia há de o lobo, a seu salvo,
Alguns deles nas garras levar?

Conto-os sempre. Eram mais de um milheiro
Quando, há pouco, o portão lhes abri;
Mas deixaram comer o mais lindo,
O mansinho Ton-ton-Dejali".

    Que bonito era vê-lo seguir-me,
    Trás de um pouco de pão, à cidade!
    Fora assim aos limites do mundo,
    Por usança e atração de amizade;

    Conhecia-me a mais de cem passos,
    Da sanfona atendia-me ao som;
    Junto a mim sempre estava balando;
    Que saudade! Ai! Meu pobre Ton-ton!"

    Ao findar Berenice, a Pastora,
    Essa fúnebre e terna oração,
    Em que deu de Ton-ton à memória
    Glorioso e perpétuo brasão;

    Diz (falando ao rebanho, a seus cabos,
    Ao vulgacho e ao menor dos cordeiros);
    Que, mostrando-se todos bem firmes,
    Venceriam os lobos matreiros.

    Já por honra da classe protestam
    Ter firmeza de marcos de estrada;
    Querem morto o glutão odioso,
    Que matara o seu bom camarada.

    Cada qual a jurada palavra
    Pela vida cumprir prometeu;
    Deu-lhes fé Berenice e, de mimos
    E louvores, contente, os encheu.

Mas apenas a noite assomara,
Sobreveio outro novo incidente:
Surde um lobo; eis abala em desordem
O rebanho ovelhum, que o pressente.

O que a tímida gente obrigava
A fazer debandada geral,
Nada tinha de lobo; era apenas
Mera sombra daquele animal.

* * *

Proclamai a maus soldados,
Vê-los-eis bravateando,
E logo ao menor perigo
Costas ao fogo voltando.

Em vão lhes bradais: "À frente!"
Adeus, valor e coragem!
Não os contém vosso exemplo,
Nem vossa heroica linguagem!

Livro X

Os dois ratos, o raposo e o ovo

Barão de Paranapiacaba (Trad.)

Discurso a madame de la Sablière

Íris! Eu te louvara! Empresa grata!
Nada mais fácil que te dar louvores.
Mas, por cem vezes recusaste incenso,
Nunca imitando, neste ponto, as outras,
Que almejam cada dia encômios novos.

Nenhuma delas adormece, ó Íris,
A murmúrio tão brando e lisonjeiro.
Não as censuro; o sestro lhes tolero.
Sestro aos numes comum, aos reis e às belas.
Este licor que a raça dos poetas
Exalta ao quinto céu; — suave néctar
Que ao senhor do trovão servem no Olimpo,
E, por nós ministrado em taças de ouro,
Inebria da terra os deuses todos,
É, Íris, o louvor. Nunca o provaste.
Tens, em compensação, mais almos gozos:
— O comércio do lar, colóquio ameno,
Em que fornece o acaso assuntos vários,
Sem que se excluam da conversa amável.
Áurea nugas, ligeiras bagatelas.
Não crê o mundo, no qual ali se passa;
Pois deixemos o mundo e as crenças dele.
— Quimeras e ciência e ninharias,
O nada, — o tudo é bom; digo e repito
Que haver deve de tudo em tais palestras.
É jardim, onde flora os dons expande,
Onde descansa a abelha em várias flores,
E de tudo, em que pousa, o mel fabrica.
Assentado este ponto, impetro vênia
De às fábulas mesclar certos princípios
De atrativa e sutil filosofia,
Posto que audaz. De nova batizaram.
Dela ouviste falar. Os seus adeptos
Só veem no irracional máquina pura,
Em que por molas se regula tudo,
E livre arbítrio não preside aos atos;
— Tudo é nele matéria e plena ausência
D'alma e de sentimento; assim se move
A pancadas iguais, cego e sem fito,

Relógio regular. — Vêde-o por dentro:
Inumeráveis rodas representam
Do mundo o vasto espírito. A primeira
Move a segunda; atua após terceira.
Bate a hora, afinal. Diz essa gente
Que em tudo esse relógio é como o bruto.
Toca-lhe em certo ponto um corpo estranho,
Vai sem demora o ponto impressionado
(Em nossa opinião) ao seu vizinho
A nova transmitir e, passo a passo,
Chega aos sentidos, que a recebem toda.
Opera-se a impressão. Mas de que modo?
Respondem que por ato necessário,
Sem vontade ou paixão. Sente-se o bruto
Agitado de certos movimentos,
Que o vulgo chama júbilo, tristeza,
Amor, prazer e dor e muitos outros.
Assim não é, porém; nada de enganos.
"O que é isso?". "Um relógio". "E quanto ao homem?"
"— É coisa mui diversa. —" É deste modo
Que a nova teoria expõe Descartes;
Descartes — o mortal, que fora um nume,
Pelos pagãos sagrados, e que hoje ocupa
Entre espírito e homem justo meio,
Como alguém, entre nós, burro quadrado,
Também ocupa o meio entre ostra e homem.
Ouve como o filósofo discorre:
"Sobre os irracionais, filhos do Eterno,
Pelo dom de pensar eu me avantajo;
Eu tenho do que penso a consciência".
Tu sabes, Íris, de ciência certa,
Que, quando mesmo os animais pensassem,
Não poderiam refletir no objeto,
Nem tão pouco no próprio pensamento.

Descartes vai mais longe e diz bem claro:
— "Não pensa o bruto". — Não te custa, ó Íris,
O crer nessa asserção, que eu mesmo adoto.
Quando entretanto em meio da floresta
Das trompas o clangor, a grita infrene,
Não deixam tréguas à fugitiva caça;
Quando a preia há baldado esforço e traças
Em fazer que os mastins seus rastos percam;
O veado senil de dez chavelhos
Põe na frente um mais moço e aos cães o força,
Como negaça nova, a apresentar-se.
Uma série não vês de raciocínios
Que, a fim de se salvar, formula o cervo?
O recuar na senda, ardis, malícias,
A troca feita, os mil estratagemas,
Que aos mais ilustres cabos honrariam,
Eram credores de melhor destino.
Cortá-lo em postas, ao cair sem vida,
Eis as supremas honras que lhe sagram.

Se a perdiz sente os filhos em perigo
(Pois mal vestidos das recentes plumas
Vê que podem as asas iludi-los,
Quando ousarem voar, fugindo à morte),
Finge-se de ferida, arrasta uma asa
E atraindo molossos, caçadores,
Após ela a correr — afasta o risco;
Do ninho, em que a deixou, salva a progênie.
E quando o caçador a crê nos dentes
Do perdigueiro, que lhe foi no encalço,
Ela lhe diz adeus; o voo erguendo,
Bate as asas, a rir-se do sujeito
Que, boquiaberto, em vão com a vista a segue.

Não mui longe do Norte existe um mundo,
Onde, como é sabido, os habitantes,
Qual sucedeu nos tempos primitivos,
Vegetam na ignorância mais profunda.
(Dos homens falo só). Mas, quanto aos brutos,
Vivem a trabalhar em grandes obras
Que põem barreira às cheias furiosas,
Ou comunicam entre si dois rios.
As suas construções duram, resistem
À ação do tempo; a um leito de argamassa
Superpõe-se outro leito de madeira.
Cada castor por sua vez trabalha;
É comum a tarefa; o velho impele,
Sem lhe deixar descanso, o moço à faina.
Muito mestre ali está regendo as obras.
Aprendizado dessa raça anfíbia
De Platão a república seria.
Sabem no inverno levantar as casas;
Passam lagoas, fabricando pontes,
— Produto de sua arte, obra engenhosa.
E por mais que os estude — a nossa espécie
O quanto pôde conseguir té agora
Foi mar e rio atravessar a nado.
Ninguém me obriga a crer que esses castores
Sejam corpos de espíritos vazios.
Muito mais ainda aponto. Atende à história
Contada por um rei, de glória cheio.
Fica por mim o defensor do Norte.
Cito um príncipe, amado da Vitória;
Só seu nome é muralha ao turco império;
É da Polônia o rei. Um rei não mente;
Conta que de seu reino nas fronteiras
Guerra contínua os animais sustentam,
E que o sangue, que o pai transmite aos filhos,

Os belicosos germes lhes renova.
São da raposa irmãos aqueles bichos.
Jamais com arte igual entre os humanos,
Nem mesmo em nosso tempo, houve outra luta.
— Vedetas, espiões, guarda avançada,
Emboscadas, facções, e mil inventos
Da ciência maldita e detestável,
— Filha do Estige e mãe de heróis ilustres —
Lhes apura o bom senso e a experiência.
Para cantar tais guerras — o Aqueronte
Devia dar-nos o divino Homero.
Se com esse poeta a nós voltasse
De Epicuro o rival, que nos diriam,
Sobre os exemplos, que deixei citados?
O mesmo que eu disse: "A natureza
Tudo neles produz por simples mola,
É neles toda física a memória;
E, para referir-me aos meus exemplos,
Só da memória os animais precisam.
O objeto, ao voltar, vai-lhes no arquivo
Procurar, descrevendo igual caminho,
A imagem, tempos antes debuxada;
E esta, volvendo sobre os próprios passos,
Vem tornar-se a causal do mesmo fato,
Sem auxílio nenhum do pensamento".
Nós procedemos de diverso modo;
A vontade nos rege e determina,
E não instinto e corpo. Eu falo, eu ando,
Sinto dentro um motor; tudo obedece
Em mim a este princípio inteligente.
— Dos movimentos árbitro supremo,
Do corpo se distingue e com clareza,
Concebe-se melhor que ao próprio corpo.
De que modo, porém, o corpo o entende?

Eis o ponto. Obedece um instrumento
Dócil à mão. E a mão? Quem a dirige,
Quem guia os céus na rápida carreira,
Existe acaso um anjo em cada estrela?
Um espírito move os nossos órgãos;
Dá-se a impressão. O meio? Isso é mistério
Que saberemos só de Deus no seio.
E, se cumpre falar verdade franca,
Mesmo a Descartes escapou, decerto.
Seremos — ele e nós — iguais lá em cima.
Mas, Íris, o que eu sei é que nos brutos,
Cujo exemplo apontei, não se revela,
Não atua esse espírito sublime;
O homem, ninguém mais, é templo dele.
Num ponto, os animais a planta excedem;
Respira, entanto, a planta. Eu vou contar-te
Caso que gera reflexões bem graves
Sobre os princípios da moderna escola.
Que nega, *in totum*, raciocínio aos brutos.

Dois ratos que andam buscando sustento,
Acharam um ovo. Que belo jantar!
Não era preciso que um boi deparassem;
Bem pouco a tal gente costuma chegar.
E quando contentes, com vivo apetite,
Vai parte da presa comer cada um,
Um *quidam* surgiu-lhes (incômodo encontro)!
Foi mestre raposo que estava em jejum.

Que ardil usariam que ao ovo salvasse?
Levá-lo enfardado dos dois entre os braços?
Rolá-lo? Puxá-lo? Se fosse possível,
Em breve ficara partido em pedaços.

Necessidade engenhosa
Lembrou-lhes uma invenção;
Vendo os dois que estavam perto
Da comum habitação,
E a meio quarto de légua
O parasita ladrão,

Deitou-se um deles de bruços,
O ovo nos braços tomou;
O outro, a trancos e barrancos,
Pela cauda o rebocou.

Quem, depois de um fato destes,
Alma aos brutos contestou?

Eu, se fosse juiz, lhes dera uma alma
Como a do infante, que não pensa logo
Ao nascer. Cada qual, pode, portanto,
Pensar, antes que possa conhecer-se.
Por igual forma atribuíra ao bruto
Não decerto razão a nosso modo,
Porém mais, muito mais que um cego impulso.
Sutilizara um átomo corpóreo,
Tênue; que a mente a custo o concebera,
— Um extrato de *luz*, um *quê* mais vivo,
E inda mais móbil do que o próprio fogo;
Pois que, em suma, se o pau produz a flama,
Esta, em volátil fluido apurada,
D'alma não pode dar ligeira ideia?
Não sai ouro das vísceras do chumbo?
Eu tornara capaz esse artefato
De sentir e pensar, até lhe dera
De julgar a imperfeita faculdade,
Sem que jamais o mínimo argumento

Nem o macaco formular pudesse.
Quanto ao que diz respeito à espécie humana,
Fora o nosso quinhão mais largo e rico.
Duplo tesouro em sorte nos tocara;
— Um consistira n'alma, igual em todos,
— Sábios, loucos, crianças, idiotas,
E estes hóspedes todos do universo,
Que sob o nome de animais o habitam. —
— O segundo seria uma alma nova;
Comum, em certo grau, de homem e de anjo.
Sendo à parte criado, esse tesouro
Seguira pelos páramos dos ares
As coortes do céu; o rei do espaço
A larga penetrara em ponto augusto;
Nunca teria fim, tendo princípio.
(Fenômenos reais, posto que estranhos!)
Essa filha do céu, brilhara apenas
Qual baça e fraca luz na essência humana.
A razão, sendo assim mais forte o órgão,
Penetraria as trevas da matéria,
E esta sempre em seu manto envolveria
A outra companheira, a alma imperfeita,
— Parte grosseira do organismo nosso.

Os peixes e o corvo marinho

Barão de Paranapiacaba (Trad.)

Criara um corvo marinho
Rigorosa imposição
A todo o tanque existente
Junto à sua habitação;

Viveiros, reservatórios,
Tudo pagava pensão.

Provida e bem variada
Tinha em geral a cozinha;
Mas roubando-lhe a velhice
O grande vigor que tinha,
Foi indo a menos a pesca
E houve, alfim, mesa mesquinha.

Corvos marinhos costumam
A si próprios fornecer;
Não podendo este, por velho,
No fundo das águas ver,
E não tendo rede ou linha,
Fome chegou a sofrer.

E, nessa grande apertura,
O nosso corvo marinho
Que fez? A necessidade,
Que em ardis tem pergaminho,
Sugeriu-lhe certo alvitre,
Próprio de instinto daninho.

Vendo a certa carangueja
Dum tanque à beira pousada,
"Comadre, disse, vou dar-te
Séria missão, delicada;
Dize à gente desses tanques
Que se ponha acautelada.

Em oito dias, sem falta,
Ela toda morrerá;
Na rede o dono do sítio;

A todos vos colherá".
Isso tudo a carangueja
Diz aqui, diz acolá.

Ergue-se grande celeuma;
Correm, fazem reuniões;
Todos ao corvo marinho
Enviam deputações:
"Quem vos deu, senhor (perguntam)
Tão tristes informações?

Donde veio tal notícia?
A fé de quem no-las dais?
Tendes, acaso, certeza
De tudo quanto afirmais?

Que remédio havemos dar-lhe?
O que nos aconselhais?"

CORVO MARINHO

"Não vos dê cuidado o meio;
Eu do embaraço vos tiro;
Um, pós outro, hei de levar-vos
Ao meu seguro retiro;
Só Deus conhece o caminho
Do sítio a que vos transfiro.

O céu, a fim de salvar-vos,
Essa mansão reservou;
Foi a própria natureza,
Que em tal viveiro escavou
Asilo que à raça humana,
Vil e traidora, ocultou."

Deram-lhe fé; um pós outro,
Toda essa aquática gente,
No bico do mestre corvo
Foi levada em continente
À cavada penedia,
Que é mui raro alguém frequente.

O corvo, apóstolo exímio,
Colocou-a num lugar
Transparente, raso, estreito,
Onde a podia enxergar;
E um, hoje, amanhã, segundo,
Fisgava-os para o jantar.

Provou-lhes, à custa deles,
Terem feito muito mal
Pondo a sua confiança
Em pássaro canibal.
Se em mãos dos homens caíssem
Sofriam matança igual.

Se haveis de ser devorados,
Que importa o devorador?
Homem, lobo, é sempre morte,
Seja qual for o teor.
Toda a pança a tal respeito
Tem idêntico valor.

A LEOA E A URSA

Raimundo Correia (Trad.)

Caiu-lhe o filho na cilada,
Que o mendaz caçador lhe veio ao bosque armar;
  E pelo bosque andava, irada,
A mãe leoa a urrar — a urrar, a urrar, a urrar...
  E a noite toda e todo o dia
Soltou berros cruéis, urros descomunais;
  E não só ela não dormia,
Mas nem dormir deixava os outros animais.
  Tamanho e tal berreiro a fera
Fazia, que fazia os bichos mais tremer;
  Até que veio a ursa (que era
Comadre dela) em prol dos mais interceder.
  "Comadre, disse, os inocentes
Que famulenta e crua, estrangulando vai
  A aguda serra de teus dentes,

Não têm eles também, acaso, mãe nem pai?
　　Têm. Entretanto, estes, pungidos,
Loucos por um desastre ao teu desastre igual,
　　Não vêm quebrar nossos ouvidos;
Não nos quebres tu, pois, com algazarra tal!
　　— Eu, sem meu filho! Ai! Que velhice
　　Sem ele arrastarei, com este fardo atroz!"
　　Disse a leoa. E a ursa disse:
"Do teu fado, porém, que culpa temos nós?!
　　— É o destino que me odeia!..."
E quem no mesmo caso o mesmo não dirá,
　　Se dessa frase a boca cheia
De todo o mundo (diz o La Fontaine) está?...

O MERCADOR, O FIDALGO, O PASTOR E O FILHO DO REI

Barão de Paranapiacaba (Trad.)

Pelas furentes vagas,
Já quase nus — cuspidos,
Quatro pesquisadores
De mundos não sabidos,

Um mercador, um nobre,
Um príncipe, um zagal,
Postos de Belisário
Na condição fatal,

Andavam pela estrada
Um óbolo a implorar,
Para a miséria sua
Um pouco aliviar.

À borda duma fonte
Cansados se assentaram,
E sobre o seu destino
Conselho celebraram.

Da sorte má dos grandes
O príncipe falou;
Nosso pastor, no entanto,
Prudente aconselhou

Que a ideia do passado
Riscando cada um,
Tratasse com desvelo
Da provisão comum.

"Que vale a queixa? (disse)
Não dá com que se coma;
Trabalhe-se e teremos
Com que chegar a Roma."

CRITIQUEIRO

"Pastor, que assim se exprime!"

AUTOR

"Donde esse espanto vem?
Só testas coroadas
Critério e engenho têm?

Julgam que o céu limita
O cérebro ao pastor,
Equiparando nisto
A ovelha ao guardador?"

Mal foi manifestada
Aquela opinião,
Teve dos companheiros
Geral aprovação.

NEGOCIANTE

"Sou forte na ciência
E prática numérica.
A tanto por quinzena
Darei lições na América."

— "Ensinarei política"
(O príncipe acudiu).
— "Vou explicar heráldica"
(O nobre concluiu).

Como se entrar pudesse
Naquela gente inculta
A frívola vaidade
Dessa ciência estulta!

O PASTOR

"— Perfeitamente, amigos!
Falais qual o Messias;
Mas é mister lembrar-vos
Que o mês tem trinta dias.

É bela essa promessa,
Que cada qual nos fez,
Mas tão longínqua! Aturam
Jejum durante um mês?

Quem de manhã jantarmos
Nos dá certa esperança?
Mesmo da ceia de hoje
Quem é que dá fiança?

Antes do mais, tratemos
Da essencial matéria;
Supro-vos a ciência
Nessa questão que é séria."

Mal disse essas palavras
Ao bosque arremeteu;
Cortou e vendeu lenha,
Que algum dinheiro deu.

Nesse e nos outros dias
Tiveram que comer;
Nenhum dos três receia
A fome perecer.

Assim ficaram livres
De, à mingua de sustento,
Irem no reino escuro
Provar o seu talento.

* * *

Agora dessa aventura
Vou tirar a consequência;
É que à vida nada importam
Sobras d'arte e de ciência;

E, graças às faculdades
Que a natureza nos dá,
O nosso mais forte auxílio
No braço e nas mãos está.

☙

Livro XI

O LEÃO

José Inácio de Araújo (Trad.)

Sultão Leopardo
Foi dono de gados
Que tinha espalhados
Num vasto sertão;
E em certas devesas
Dali muito perto,

Com fama de esperto
Nascera um leão.

Consulta o leopardo
Raposo entendido:
"Do bicho nascido
Devemos temer? —
Sossego e descanso
Nos campos espero
No dia em que o fero
Papá lhe morrer".
Responde o raposo
Meneando a cabeça:
"Bom é não esqueça
Quem é tal senhor.

Pra sua amizade
Prudente é que apele...
Ou dar cabo dele,
Que é isso o melhor".

O esperto raposo
Não foi atendido,
E o bicho, crescido,
Mostrou a ralé.
"E agora? — o leopardo
Asnático exclama.
— Chorá-lo na cama,
Que parte quente é!"

Se o leão crescer deixas, já te digo
Que andarás bem tomando-o por amigo.
Inda um outro conceito aqui me ocorre:
Quem o inimigo poupa, às mãos lhe morre.

O LEÃO, O MACACO E OS DOIS BURROS

Barão de Paranapiacaba (Trad.)

Desejando reger a seu povo
Sabiamente e aprender a Moral,
O leão chama ao paço o macaco,
— Mestre em artes da gente animal.

Começou dom Simão deste modo:
"Vou dizer-vos em frase concisa
Quais os dotes que um bom soberano
Demonstrar no governo precisa.

Anteponha o serviço do Estado,
A um impulso fatal, que chamamos
Amor-próprio; — ele é pai dos defeitos
Que nos brutos, em regra, notamos.

Deste mau sentimento o triunfo
Não é fácil num dia alcançar;
É já muito o seu péssimo influxo
Conseguirmos, alfim, moderar.

Sendo assim, vossa augusta pessoa
Viverá de baldões escoimada,
E de injusto ridículo a pecha
Não vos pode, meu rei, ser lançada."

"— Dai-me exemplos (acode o monarca)
Dum e doutro defeito apontados."
— "Sem demora (responde o macaco,
Exprimindo-se em termos pausados):

Toda a espécie (e eu por mim princípio),
Toda a classe, qualquer profissão,
Tem-se em muito, e de néscios e ineptos
Tacham sempre os que dela não são.

Coisas destas, iguais destemperos,
Que não custam ceitil a ninguém,
Vai a torto e a direito impingindo
Em discursos que senso não têm.

Pelo avesso — o amor-próprio vos leva
A exaltar os de ofícios iguais;
Esse o meio seguro e mais fácil,
Com que a própria pessoa elevais.

Argumento, portanto, e concluo
Das verdades severas, que disse,
Que os talentos no mundo não passam,
Na mor parte, de pura momice.

É sistema que muitos adotam,
Meu senhor, de fazer-se valer,
Mais na roda dos tábulas rasas,
Que entre a gente de tino e saber...

Não há muito que encontrei dois jumentos,
Que o turíbulo, alternos, tomavam,
E segundo o costume, a seu modo,
Os louvores também alternavam.

"Não achais (diz um deles) que o homem
— Esse nobre animal tão perfeito —
Só de tolo e de injusto, em grau sumo,
Entre os burros merece conceito?

Nosso nome sagrado profana;
Pois de burro a pessoa apelida,
Que é de ingênita esfera acanhada,
Ou de luzes e tino despida.

Abusando de um termo, batiza
Nosso riso e discurso de — zurros!
São deveras gaiatos os homens
Em quererem ser mais do que os burros!

Cumpre agora que o verbo soltemos
E que os tais humanos oradores
Vão metendo a viola no saco,
Pois que são os reais zurradores.

Mas deixemos de parte essa gente:
Vós me ouvis, eu vos ouço; é bastante:
Ouço em êxtase o tom que transmite
Vosso harmônico e doce descante.

De aprendiz Filomela não passa
Junto a vós, o cantor primoroso!
Na doçura do canto, no acorde,
Não vos chega o tenor mais famoso."

Diz o outro: "Na vossa pessoa
Eu venero, senhor, iguais dotes."
E vão juntos, não fartos de incensos,
Nas cidades louvar-se os dois zotes.

Cada qual desses parvos julgava
Que os parceiros de encômios enchendo,
Para si colheria importância,
Indo em crédito a classe crescendo.

Não só entre jumentos
Vejo essa balda em moda;
Mas, em geral, seguida,
Por gente d'alta roda;

Podendo, tentariam
Por vã preeminência,
Trocar em — Majestade
A simples Excelência.

Mas eu já sou prolixo;
Demais talvez falei;
A vós, senhor, submisso,
Segredo rogarei.

Quisestes do amor-próprio
Ver a fiel pintura,
Ridícula tornando
A pobre criatura.

Eu tratarei do injusto
Quando houver tempo e ensejo;
Pois desenhado o tédio
Em vosso rosto vejo."

* * *

Aqui pôs fecho o mono
Ao engraçado conto;
Não sei se deu exemplo
Do outro escabroso ponto.

De certo — mestre em artes,
Fino, sutil de marca, —
Temeu ferir melindres
De seu feroz monarca.

O LOBO E O RAPOSO

Barão de Paranapiacaba (Trad.)

Por que motivo Esopo,
Se fala do raposo,
Sempre lhe dá patente
De esperto e audacioso,
E mais que os outros bichos,
Fino, sagaz, manhoso?

O lobo se lhe cumpre
Os dias seus salvar,
Ou se é forçoso a vida
Aos outros arrancar,

Não sabe, como aquele,
Ou mais, peças pregar?

Creio que é mais perito
Que o bicho espertalhão;
Mas não contesto o mestre
Sem dar forte razão:
Té no seguinte fato
Lhe abono a opinião.

O morador das tocas
Em certa noite, via
A lua, que dum poço
Nas águas refletia;
A orbicular imagem
Um queijo parecia.

Dois baldes, que alternavam
Do braço ao movimento,
Traziam para a borda
O líquido elemento.
Caindo de fraqueza
A míngua de alimento,

E por canina fome
Nosso raposo urgido,
Ajeita-se no balde,
Em cima suspendido,
Alçando o peso ao outro
Nas águas imergido.

Embaixo vê ser falsa
A imagem, que o iludiu.
Lamenta, arrependido,

O erro em que caiu,
E já com a morte nos braços,
Seu fim — próximo viu.

Sair dali só pode,
Se algum outro esfaimado,
Fitando aquela imagem,
E dela namorado,
Descer, içando o balde,
Com ele mergulhado.

Do poço por dois dias
Ninguém se avizinhara.
Então, qual de costume,
O tempo, que não para,
Do astro de argêntea face
A esfera cerceara.

O mísero raposo
Desesperado jaz.
Eis o compadre lobo
Por lá seu giro faz,
E felizmente a goela
Bem sequiosa traz.

Diz-lhe o sagaz raposo:
"Bom dia, camarada;
Vou dar-vos iguaria
Gostosa e delicada.
Não vedes esta roda?
Vai ser por vós provada.

É queijo primoroso;
Posso dizer — comi-o;
Deus Fauno o fez do leite,
Mugido à vaca Io:
Provando-o, Jove enfermo
Ficara sem fastio.

Saboreei apenas
Uma fatia; vede —
Fica-vos muito e logo
Podeis matar a sede.
Descei naquele balde
Que ali vos pus adrede".

No mal forjado embuste
O parvo lobo creu.
Desce; com o peso o balde
Do fundo suspendeu,
Trazendo acima o traste,
Que logo às gâmbias deu.

Não nos riamos do lobo;
Pois sucede a muita gente
Cair, por iguais motivos,
Em cilada equivalente.
No que se teme ou deseja
Se acredita facilmente.

O VELHO E OS TRÊS MANCEBOS

Filinto Elísio (Trad.)

Plantava certo velho de oitenta anos.

"Plantar!" — diziam certos mancebinhos
Vizinhos e bairristas.
"Plantar!... Edificar tinha seu passe.
Por certo caducais. Ora, vos peço
Pelos numes do Olimpo,
Que fruto ideais colher desse trabalho?
Menos que envelheçais como Matusala,
Que vai cargar a vida
Com o empenho de um porvir que há de escapar-vos?
Doravante cuidai nas vossas culpas;
Deixai esperanças longas,
Vasto assunto, que a nós convém somente.

— Tampouco a vós: que quanto estabelecemos,
Vem tarde, e pouco dura.
   Zomba igualmente a mão das fuscas Parcas
   Dos meus, dos vossos dias. Na certeza
Vão iguais nossos termos.
   E qual de nós, da abóbada estelífera,
   Verá último a luz? Há aí momento,
Que nos dê por seguro
   Um segundo de vida? Os meus bisnetos
   Dever-me-ão esta sombra. E bem? ao sábio
Tolhereis vós desvelos,
   Que aos outros deem prazer? Fruto é, que eu logro
   Já desde hoje e amanhã, e inda outros dias
Talvez que ainda o goze,
   E que inda, sobre as vossas campas, possa
   Algumas vezes vir saudar a aurora."
Razão o velho tinha:

Que um dos três moços se afogou no porto,
Partindo para a América; o segundo,
Armando aos grandes postos,
Servindo o Estado, em marciais empregos,
Golpe imprevisto lhe cortou o estame
Dos dias seus; e o último,
Caiu do tronco, em que enxertava um garfo.
Chorando, o velho lhes gravou nas campas
O que eu aqui vos conto.

O RATINHO E A CORUJA

Filinto Elísio (Trad.)

Nunca digas à gente:
— *Ouvi um dito bom, gracioso ou guapo.*
Sabes tu, se os ouvintes
Farão apreço igual, que deles fazes?
Este, que ora vos conto,
Lá merece atenção. Dou-o por prodígio,
E bem que verdadeiro,
Nos ares, nas feições parece fábula.
Por velho ao chão derribam
Um pinheiro, dum velho mocho alcácer, (triste
Retiro escuro da ave,
Que para intérprete Átropos tomara).
Em seu cavado tronco,
Que carcomera o tempo, aposentavam-se
(Entre outros inquilinos)
Muitos ratos sem pés, quais bolas, gordos;
Que os sustentava o pássaro
Dentre medas de trigo. O tal rebanho
Tinha-o ele aleijado

Co bico: Confesso, que era bom lógico.
Em seu tempo o tunante
Andara à caça; e como lhe escapassem
Os que caçou primeiro,
Por não cair na mesma, estropiava
Quantos depois colhia.
Desfalcados dos pés, ia a seu cômodo,
Hoje um, amanhã outro,
Trincando neles; sendo-lhe impossível
Todos tragar dum golpe.
Juntai-lhe inda cautelas de saúde
Iguais às que alguns temos:
Juntai, que era o bargante tão ladino,

Que, para alimentá-los,
Saía o corso a lhes buscar vivenda.
Teime o cartesiano
Em tratar como máquina, ou relógio
O mocho; qual é a mola,
Que a aleijar lhe ensinou o povo, que muda. —
Ou há aqui raciocínio,
Ou em raciocínio não me entendo. —
Olhai, que de argumentos!
Fogem-me após que os colho; pois comamo-los. —
— Todos?... É impossível. —
— Vale mais guardá-los, para atalhar fomes —
Em resguardo os tenhamos.
— Como? — Corto-lhe os pés. — Quem há que me ache
Homem, que mais a jeito
Um argumento enfie? Os Aristóteles,
Bofé! E os meus sequazes
Outra arte de pensar nos ensinaram.

Epílogo

Barão de Paranapiacaba (Trad.)

Assim minha musa à beira
De uma linfa cristalina
Ia as falas traduzindo
(N'alta linguagem divina)
Dos seres que à natureza
Pedem a voz peregrina.

Sendo intérprete espontâneo
De tanto povo diverso,
Fiz com que todos entrassem

Como atores em meu verso;
Pois tudo tem língua própria,
Tudo fala no universo.

Bem que entre si mais facundos,
Do que aqui pintados vão,
Se nesses versos não virem
Uma fiel descrição,
Se acharem que minhas obras
Tipo e modelo não são;

Fica-me o mérito ao menos
De ter aberto esta estrada;
Poderão outros levá-la
À perfeição desejada.
Findai, diletos das Musas,
A empresa assim começada.

Dai as lições e os exemplos
Que eu, sem dúvida, omiti;
Pois nos véus da alegoria
Quase sempre os envolvi.
Muito amanho inda vos resta
Nas terras, que descobri.

Durante o suave emprego
De minha Musa inocente,
Luís a Europa conquista,
E sua destra potente
Os mais excelsos projetos
Leva a fim conveniente.

Tão altos, sublimes planos
Nunca teve outro monarca;

Só ele, filho das Musas,
Com tais tentativas arca!
— Eis assuntos vencedores
Do Templo e da fera Parca!

Livro XII

OS COMPANHEIROS DE ULISSES

Barão de Paranapiacaba (Trad.)

Príncipe, vós que sois dileto amor dos numes,
Deixai que em vosso altar vos queime estes perfumes;
Se tardios vos sagro os sons de minha Musa,

A idade e o muito afã me servirão de escusa.
Em mim, com rapidez, o engenho já declina,
Enquanto em vós, Senhor, se aumenta e se ilumina;
Não anda; a correr vai; parece até que voa.
Nas lides marciais destarte a fama soa
Do herói que vos legou tão altos predicados.
Por seu querer não foi que, a passos apressados,
Curvando ao mando seu a deusa da Vitória,
Deixou de entrar ovante o pórtico da Glória.
Sustou-lhe o impulso um deus: — O rei conquistador,
Que num mês se tornou do Reno o vencedor.
Hoje talvez alguém chamasse temerária
Velocidade tal, que então foi necessária.
Mas... faço ponto aqui; que os Risos e os Amores
Se desprazem de ouvir perluxos oradores;
Pois nunca para o céu de vosso lado tornam
Esses deuses gentis que a corte vos adornam,
Sem que dela o Bom Senso e a Sã Razão se excluam,
Que em tudo o que fazeis a presidir atuam.

Aos dois numes ouvi sobre um fato,
Em que os Gregos, demais levianos,
A prestígios cederam que em brutos
Transformavam os entes humanos.

Os fiéis companheiros de Ulisses,
Que há dez anos em sustos viviam,
Ao capricho dos ventos errando,
Sem saber que destino teriam,

Certo dia chegaram às plagas,
Onde a filha do nume da luz,
— Circe — então reunia na corte
Tudo quanto fascina e seduz.

Deu-lhes Circe licor saboroso,
Que, ao princípio, lhes tira a razão;
Logo após, o seu corpo e semblante
De animais tomam vulto e expressão.

Ei-los — ursos, leões, elefantes;
Uns se medem por grande craveira;
Há meãos, há de marca pequena,
Por exemplo: A mesquinha toupeira.

Mas o filho do grande Laertes
Do enganoso licor suspeitou;
E aplicando as lições da prudência,
Desse laço traidor escapou.

Com seu garbo de herói, nobre gesto,
Sedução da melíflua palavra,
Infundiu na princesa um veneno,
Mais sutil, que nas veias lhe lavra.

Uma deusa diz tudo o que sente.
Circe presa do herói se confessa:
E em tirar desse amor bom proveito
O ladino do Ulisses se apressa.

Conseguiu que seus Gregos pudessem
À roubada figura voltar;
"Mas supondes (pergunta-lhe a deusa)
Que hoje queiram a troca aceitar?

Será bom perguntar a esses bichos
Se desejam ser homens de novo".
Vai Ulisses, sem perda de tempo,
Arengar deste modo a seu povo:

"A taça empeçonhada
Remédio encerra em si;
E a vossa cura, ó sócios,
Eu vo-la trago aqui.

Quereis, meus bons amigos,
Voltar à espécie antiga?
Falai, e o seu desejo
Cada um bem claro diga".

Responde o rei das selvas,
Supondo que rugia,
"Perder garras e jubas!
Tão tolo eu não seria!

Posso com estas presas
A postas reduzir
A quantos temerários
Me ousarem agredir.

Rei sou; — voltando a homem,
Volto a soldado raso:
Depois de rei, vassalo?
Posso querê-lo acaso?"

Ulisses, surpreso, dirige-se ao urso:
"Irmão, que mudança! Que horrível estás!
Tens pêlos hirsutos, aspecto medonho,
E, entanto, já foste galante rapaz!"

Resmunga-lhe o bruto: "Não vês que sou urso?!
Eu tenho o feitio, que Deus dar-me quis.
Que acha dos homens mais bela a figura?
Quem é que da nossa se arvora em juiz?

Gentil ursazita, meu novo derriço,
Não diz que eu sou feio; prefere-me assim.
Oh! Deixa-me; vai-te; prossegue o teu rumo,
Se — sob esta forma — não gostas de mim.

Eu vivo contente, feliz, sossegado,
Isento de penas, gozando de tudo;
Por isso respondo, bem firme e bem claro
Rejeito a proposta; de estado não mudo".

> Confuso o príncipe grego,
> Vai propor ao lobo a troca,
> E os brios do antigo sócio
> Com estas frases provoca:
>
> "Estou pasmo, ó camarada,
> Porque aos ecos pregoeiros
> Conta uma linda pastora
> Que lhe comeste os carneiros!
>
> Quem diria! Tu, que outrora
> O rebanho lhe salvaras:
> Tu que foste exemplo e tipo
> De qualidades tão raras!
>
> Abandona essas florestas:
> Volta aos teus; comigo vem!
> Despe essa pele hedionda;
> Volve a ser homem de bem!"

LOBO

"Homens de bem! Onde param?
Cá por mim nenhum conheço.

Mas tu que de carniceiro
Me tratas, por menosprezo,

Deixarias, no meu caso,
De comer as ovelhinhas?
Se eu homem fosse, as poupara,
Menos, que as feras daninhas?

Por uma palavra, às vezes,
Não vos matais mutuamente?
Fazendo o papel de lobos,
Perdendo os foros de gente?

Eu penso, por fim de contas,
Que, perverso por perverso,
Melhor é lobo que gente.
Não quero estado diverso".

    A igual proposta,
    Que o rei formula,
    Responde acorde
    Toda a matula.

    Tornar-se em homens
    Quem diz? Não querem;
    Ser sempre feras
    Todos preferem.

    Matar a fome,
    Seguir o instinto,
    Vagar das selvas
    No labirinto; —

Eis as delícias
Da estulta grei,
Surda a incentivos,
Rebelde à lei.

Julgam ser livres
Nas solidões,
Cevando, à solta,
Brutais paixões.

Assim pensando,
(Míseros bichos!)
Vivem escravos
De seus caprichos.

Eu quisera, meu príncipe, ofertar-vos
    Interessante assunto,
Que do agradável, aliado ao útil,
    Fosse o vivo transunto.

Belíssimo projeto, se não fosse
    Difícil o escolher!
Veio a história de Ulisses e seus sócios
    O tema oferecer.

Por esse mundo além, decerto, há gente,
    Que imite a que pintei;
Senhor, vosso desprezo, ódio e censura
    Por pena lhe imporei.

O LOBO E O RAPOSO

Barão de Paranapiacaba (Trad.)

Donde procede que ninguém no mundo
Contente aceite a sorte que lhe coube?
Tem este aspiração de ser soldado;
Mas o soldado a condição lhe inveja.
Certo raposo quis fazer-se lobo
(Refere a tradição). Mas quem sustenta
Que nenhum lobo suspirado tenha
Pelo doce mister de mansa ovelha?
Assombra-me, porém, que um tenro infante,
Que inda vê longe à puerícia o termo,
Tenha esse assunto em fábula tecido,
Enquanto, à força de cuidado e tempo,
Curvando ao peso dos cabelos brancos,

Vou fabricando, devagar meus versos,
Menos sensatos que a fluente prosa
Do infantil escritor. Os vários lances,
Pelo entrecho da fábula espalhados,
Não nos consegue repetir a Musa,
Nem com tanta expressão, nem no conjunto.
Isso resume seu completo encômio.
Decantá-los na lira é meu talento.
Mas tenho fé que em próximo futuro
Há de o jovem herói forçar-me a destra
Para empunhar a tuba altissonante.
Nunca fui (creio-o bem) grande profeta;
Leio, porém, na constelada esfera,
Que deste infante os gloriosos feitos
Hão de, em breve, exigir muitos Homeros.
Mas os tempos de agora os não produzem.
À margem vou deixar tão alto arcano,
E o lindo conto trasladar agora,
De forma que interesse aos meus leitores.

    O raposo disse ao lobo:
    "Muita vez para sustento
    Tenho um galo, velho e duro,
    Ou frango pífio e gosmento.

    Ando aborrido, enjoado
    De tão ingrato *petisco*;
    Tu tens melhor passadio
    E correndo menos risco.

    Eu me aproximo das casas;
    Tu ficas de longe, a olhar;
    Por favor — ao caro amigo
    Vem teu ofício ensinar.

Quero ser, por teus conselhos,
De minha raça o primeiro
Que na ponta da fateixa
Enfie um gordo carneiro.

Nunca no rol dos ingratos
Hás de meu nome incluir".
Responde o lobo: "Amiguinho,
Espera; vou te servir.

Um dos meus irmãos é morto;
Seu corpo aqui perto jaz;
Vamos a pele tirar-lhe
E dela te servirás."

Feita a coisa, torna o lobo:
"Vou dizer-te o modo usado
Para teres os rafeiros
Sempre distantes do gado".

O raposo que, mui ancho,
Do lobo a pele vestia,
As lições que o mestre dava,
Ponto a ponto repetia.

A princípio o novo ofício
Muito mal desempenhou,
Foi melhorando mais tarde,
E quase pronto ficou.

Apenas desemburrado,
Contra um rebanho se atira.
Tanto fez o novo lobo,
Que em torno pavor inspira.

Pátroclo, vestindo as armas
De Aquiles conquistador,
No povoado e no campo
Assim espalhou terror.

E viram-se mães e noras
E anciãos, tudo em tropel,
Refugiar-se nos templos,
Fugindo do herói cruel.

A numerosa manada
Do manso povo balante
Julgou ver cinquenta lobos
Naquele beligerante.

Rafeiro, pastor e gado,
Tudo foge para a aldeia:
Fica uma ovelha somente,
E o ladravaz logo a prea.

Ouvindo, porém, um galo
Cantar na granja vizinha,
O lobo principiante
Para o cantor se encaminha;

Deixando a talar do ofício,
Esquece ovelhas, regente
E lições; corre ao terreiro,
Pressuroso e diligente.

De que servem tais disfarces?
Mudar assim é ilusão;
Voltamos ao velho estado
Na primeira ocasião.

Isto, ó príncipe, inspirou-me
Vosso engenho sem igual;
Fornecestes-me a matéria
O diálogo, a moral.

A RAPOSA, O LOBO E O CAVALO

Couto Guerreiro (Trad.)

O lobo e a raposa se ajustaram
Em caçarem de meias; e assentaram
Em que haviam partir com igualdade,
Levando cada qual sua metade;

Indo com este intento, descobriam
Um formoso cavalo, e pretendiam
Acometê-lo a peito descoberto;
Mas, indo-se chegando para perto,
A raposa temendo algum perigo,
Disse que era possante o inimigo;
Assim, que lhe não dessem logo caça,
Que seria melhor vencer por traça.
    Para o gênio tentar da boa presa,
A raposa, que tem mais esperteza,
Chegando-se com muita cortesia,
Lhe disse: "Rogo a Vossa Senhoria
Se digne de dizer a esta criada
Seu nome, e se, a qual família honrada
Produziu tão magnífica pessoa,
Que dá grandes indícios de ser boa;
Na postura, no modo respeitoso,
Se conhece um sujeito generoso".
    O cavalo, que tinha seu talento,
Logo lhe cheirou mal o cumprimento,
E cuidou na cautela, respondendo:
"De mim mesmo me estou aborrecendo,
Por ver em ti tal graça e tal polícia,
E não te poder dar ampla notícia:
Só te digo que em anos inocentes
Perdi o pai, e a mãe, e mais parentes;
Por isso ignoro a raça de onde venho,
E nem te sei dizer que nome tenho.
Contudo, esse bom modo que em ti invejo
Me obriga a saciar o teu desejo
Do modo que é possível: tenho escrito
Neste pé, quanto já tivera dito
Se o soubesse dizer: podes chegar-te
E ler, que este é o meio de informar-te;

Porque nesta criatura acharás juntas
As respostas de todas as perguntas.
— Eu, lhe disse a raposa tão manhosa,
Em pequena fui muito preguiçosa:
Mandou-me a mãe à mestra, e deu bom preço,
Mas contudo nem letras já conheço:
Assim, cá mandarei meu companheiro
A ver se pode ler esse letreiro".

Despediu-se e contou ao lobo tudo,
Afirmando-lhe em ar muito sisudo,
Que lhe havia guardar fidelidade
Em toda e em qualquer calamidade,
E não o abandonar, inda metida
Em risco de perder a mesma vida.

　　　　　O lobo, imaginando que campava
Por esperto, atrevido se chegava,
E dizia em um tom muito arrogante:
"Dize-me já quem és no mesmo instante,
Quem foi teu pai, e mãe, e de que gente
(Que seria gentalha!) és descendente.
— Podes, foi a resposta do cavalo,
Em lendo neste pé, onde essa história
Meu pai fez escrever para memória".
— "Vejamos!" disse o lobo, — e foi chegando.
O cavalo, que estava sempre olhando
Quando o acharia a jeito, apenas acha,
Dois coices à cabeça lhe despacha:
Sem sentidos caiu logo o letrado;
E entretanto ele pôs-se a bom recado.
　　　　　Apenas a raposa o viu de largo,
Veio ao lobo, que estava inda em letargo;
Começou a abaná-lo, e quando abria
Já metade dos olhos, lhe dizia:
　　　　　"Eis aí o proveito que tiraste
Do muito que tens lido, e que estudaste:
Na verdade que estou bem consolada
De nunca me meter a ser letrada:
É provável que tendo eu aprendido,
O mesmo me tivera sucedido:
E desta ocasião juro e protesto
Que me fica este exemplo por aresto.
Se tivera cem filhos, e tivera
De cada qual cem netos, eu lhes dera
De conselho, que a ler não aprendessem
Com temor de que nisso se perdessem:
Esta gente que é muito presunçosa
De sábia, de discreta e estudiosa,
Em falar lá tem seu desembaraço,

Mas daí por diante não dá passo".
      Assim falava, e vendo já mover-se
O lobo, trabalhando por erguer-se,
Como pôde, o ajudou a levantar-se.
Mal podia nas pernas sustentar-se;
E quando entrou em fala, pesaroso
Dizia: "Infeliz sou e desditoso;
Por sábio estive quase agonizante,
E tu ficaste bem por ignorante".
Daqui toma a raposa outro motivo
De mostrar que o saber é ofensivo:
Marcharam, ela muito satisfeita
Por haver escapado da desfeita;
E o lobo, inda atontado, mal podia
Atinar com a moita, onde assistia.

A LIGA DOS RATOS

Abel Botelho (Trad.)

Era uma vez
Uma ratinha que andava
      Com medo de um gato maltês,
Que há tempos a espreitava.
      Que fazer?...
Sábia e cauta, neste apuro,
  Com o vizinho foi ter,
Um arganaz já maduro,
  Um mestre, um fanfarrão, que tinha conseguido
Instalar sua ratona senhoria
  Em suculenta copa, em farta hospedaria;
      E, presumido,
Afirmava por bravata
      Constantemente
Não temer gato, nem gata,
  Nem unhadura, nem arranhão, nem dente.
    "Em boa-fé
Diz-lhe ele, por mais que eu faça,
Dona rata, só, bem vê,
Não posso ao gato dar caça.
      Se, porém,
Os ratos da redondeza
Nos reunirmos todos, hem!
      Oh! Então com certeza
  Ou o seu inimigo às nossas unhas morre,
Ou prego-lhe partida assinalada."
  Fez-lhe a rata uma vênia humilde, demorada;
      E o rato corre
Breve, rápido à despensa,
      Onde, amontoados,

Do dono da casa e expensas,
   Muitos ratos se enchiam regalados.

      O fanfarrão
Chegou açodado, tonto,
Esbaforido o pulmão,
E as pulsações sem conto.

      Que tens tu?
Perguntou-lhe um rato; fala.
— Em duas palavras vou
Dizer-vos o que me rala,
   E me traz aqui assim esbofado destarte:
Urge acudir à rata; é de justiça.
   O Bicharro maltês faz medonha carniça
         Por toda a parte.

É o Belzebu dos gatos.
         Se as ratas faltam
         Virá cevar-se nos ratos.
— É certo. Às armas! Sus! Clamam... e saltam.

      Diz que correu
De algumas ratas o pranto.
Embora! Nada empeceu
Aquele projeto santo.
      De tropel
Cada um logo se apresta;
Cada um mete no farnel
Um naco de queijo: e em festa,
   Destemido, cada um, lá marcha intemerato,
   Pronto a arriscar-se a tudo, aventureiro,
   O espírito flamante, o coração gaiteiro.

No entanto o gato,
Mais fino do que eles todos,
Arma a cilada.
E, ao chegarem, pelos modos,
já tinha a pobre rata abocanhada.

A legião
Vai com passo revoluto
Dar à amiga a salvação.
Mas o gato, que é astuto,
Sem largar
O que destina à barriga,
Rosna, e marcha a defrontar
Com a caterva inimiga.

A isto, a horda teme o fim da empresa louca.
Safam-se com prudência e boa sorte,
Sem levarem mais longe os projetos de morte.
Para a sua toca,
Debandando, cada rato
Enfia breve:
E cuidado com o gato!
Se a sair, por acaso, algum se atreve.

Impressão e Acabamento

Bartiragráfica

(011) 4393-2911